信州の小都市が取り組む地方創生まちづくり

牧瀬 稔
中野市政策研究所　編著

東京法令出版

・中野市の主な観光地・特産物など・

 高野辰之記念館

 中山晋平記念館

 十三崖のチョウゲンボウ

 一本木公園（バラ公園）

 郷土玩具 中野土人形

 くだもの王国
＊りんごの「秋映」は中野市オリジナルです。

 えのき茸 日本一の生産量

はじめに

　中野市政策研究所は、中野市役所が設置した自治体シンクタンクである。それは、一つの課や係としておかれる。自治体シンクタンクとは「地方自治体の政策創出において徹底的な調査・研究を行い、当該問題を解決するための提言を行うために組織された機関（団体）」と定義できる。

　2018年8月には、花巻市（岩手県）において「花巻市地域おこし研究所」が誕生した。同研究所は慶應義塾大学ＳＦＣ研究所のバックアップを受けている。2019年4月には、同じ長野県の上田市において「上田市政策研究センター」が誕生する。同センターは市長直轄組織の自治体シンクタンクであるようだ。近年は、地方都市において、自治体シンクタンクが設置される傾向が強い。自治体が政策で勝負するようになってきた証左と思う。

　中野市政策研究所規程を確認すると、同研究所は「市政に関する総合的な調査研究を行う」ことが目的となっている（第1条）。本書は、中野市政策研究所が担当した調査研究の成果を記している。

　中野市は人口が4万人強である。私（牧瀬）が言うのは余計なお世話と思うが、同市は地方創生にもがき苦しみながらも、前進しようとしている。きっと、多くの自治体は同じ状況にあると思う。その意味で、中野市は他の多くの自治体のモデルとなり得る。同市の取組事例は、他の自治体においても活用できる可能性が高い。

　中野市の政策づくりは、少しずつ成果が見られつつある。例えば、農産物を売り込む「売れる農業推進室」という部門を設置している。また「営業推進課」も立ち上げ、中野市を積極的に内外に営業している。これらの事業は視察も多い。本書では、これらの秘訣に加え、中野市の具体的な施策や事業を記している。

　同時に、本書は筆者（牧瀬）が経験してきた政策づくりの基本的な視点や視察のポイントなどにも言及している。これらは自治体が政策づくりに取り組むときに役立つ内容と思う。

一つだけ個人的なお詫びを記しておきたい。筆者は中野市政策研究所の政策アドバイザーでありながら、2018年度は中野市に行く機会が限定的であった。そのため中野市が期待していたようなアドバイスができなかったと考える。次年度から、少しずつ、しっかりと関わっていきたい。

　最後になるが、本書の編集の労をとっていただいた東京法令出版の加藤舞氏と野呂瀬裕行氏に深く感謝申し上げます。

　2019年3月

　　　　　　　中野市政策研究所政策アドバイザー
　　　　　　　関東学院大学法学部地域創生学科准教授　牧瀬　稔

目　次

◆　はじめに

> ### 第Ⅰ部　実効性のある政策の基本的なポイント

第1章　視察の意義 ··· 2
第2章　政策研究の基本的視点 ······························· 15
第3章　政策づくりの展望 ····································· 33

> ### 第Ⅱ部　「緑豊かなふるさと　文化が香る元気なまち」の実現に向けて

第1章　中野市政策研究所の意義 ···························· 44
第2章　中野市政策研究所の取組 ···························· 49
第1節　平成29年度研究
 1 中野市の効果的なシティプロモーションに関する調査研究····· 53
 2 安心して子育てしやすい環境の確立に向けた調査研究········· 73
 3 「働きやすいまち」を実現するための働き方改革に関する調査研究～中野市の特性を生かしたワークスタイルの提案～····· 93
第2節　平成30年度研究
 1 地域コミュニティの現状と課題···························· 113
 2 若者のＵターン促進に関する研究～ゆとり世代のゆとりある暮らし～··· 121
 3 中野市の子育て環境に関する調査研究～もっと子育てしやすいまちへ～··· 129
第3章　「交流・連携・協働」で、住みよさで選ばれるまちに向けた取組··· 137
 1 信州なかのブランドの確立に向けた取組（売れる農業推進室）··· 137
 2 投票率の向上を目指して（中野市選挙管理委員会）·············· 144
 3 「健康長寿のまち」を目指して（中野市健康づくり課）········· 153
 4 信州中野の魅力を発信（なかのシティプロモーションチーム）··· 158
◆　おわりに
◆　執筆者一覧
◆　編著者紹介

第Ⅰ部

実効性のある政策の基本的なポイント

第Ⅰ部は自治体の企画部門が政策づくり（調査研究）を進めるための具体的な視点に言及します。ただし、一概に「政策づくり」といっても、様々な手法があります。まずは、いい視察にするための視点を簡単に紹介します。

いい視察にするためには、政策研究が欠かせません。そこで次に政策研究の基本的な視点に言及します。「基本的な視点」と書いていますが「心構え」といえるかもしれません。

最後に、今後の自治体職員が政策づくりを進めるに当たり、今後の展望を筆者の私見を交えながら述べます。この「今後の展望」は読者に対する問題提起という意味があります。

第1章

視察の意義

筆者（牧瀬）は政策づくりにおける「視察」の意義を認識しています。意義という言葉を辞書で調べると、「その事柄にふさわしい価値。値うち」とあります。そして、価値とは「何らかの目的実現に役立つ性質や程度。有用性」と定義されています。すなわち、視察とは政策づくりのために価値あるものであり、有用性が高い行動になります。

しかし、（読者の自治体や議会がそうとは言いませんが）間違った視察が多い事実があります。また、そもそも視察に行かないで政策づくりを進めようとする悪しき傾向もあります。視察は現場志向ともいえます。現場をしっかりと押さえなくては、実行性のある政策は生まれません。ここでは、確かな視察にするための視点を紹介します。

1 「視察」の定義

　良い政策のためには、正しい「視察」は欠かせません。しかし「いい加減な視察」が多くあります。いい加減な視察により、開発された政策は「おざなり政策」となります。おざなり政策は「住民の福祉の増進」（地方自治法第１条の２）にほとんど寄与しません。むしろ住民の福祉を減退させてしまう可能性もあります。ちなみに、おざなりとは「その場逃れにいいかげんな言動をする・こと（さま）」という意味があります。

　視察の意味を確認します。辞書には、視察の意味として「現地・現場に行き、その実際の様子を見極めること」とあります。また「実情を知るために実地を見ること」とも定義されています。ところが、これらの定義に当たる視察を真摯に実行している事例は少ないように感じます。つまり「名ばかり視察」が多いのです。名ばかりとは「実質が伴わないこと」を意味します。

　それでは「名ばかり視察」の実質は何かというと「観光」や「旅行」です。自治体の中には、年度末になって残っている予算を無理にでも活用しようと、視察を組む場合があるかもしれません。あるいは議会の場合は、やはり年度末が近づくにつれて、使い切れていない政務活動費の償却という意味で視察をするかもしれません。

　これらの場合は「視察をすること」が目的化しているため、「良い視察」とはいえません。そして、こういうケースは、往々にして、観光や旅行という色合いが強くなります。もちろん観光や旅行の過程の中から、政策のヒントは得られるかもしれません。しかし、観光や旅行が中心の視察は、政策づくりには貢献しないと考えます。

　話はややそれますが、年度末になると、筆者のところにも議員からの視察（ヒアリング）の申込みが一定数あります。2017（平成29）年度は、某議員からピンポイントで３月30日の視察の申し込みがありました。ちなみに、某議員は前日には全国的に有名な観光地の視察を予定していました。一部の議員には、こういう行動がいまだにあり、首をかしげたくなります。

　重要なことは、視察は「手段」ということです。では目的は何かというと、視察で得た知見を生かして「政策をつくること」にあります。この手段と目的

を履き違えている視察が多くあります。

筆者の考える視察とは「政策づくりに貢献するために、現地・現場に行き、あるいは当事者の話を得ることにより、実情を把握すること」と定義します。重要なことは、政策づくりに貢献するように、視察を組み立て実施することです。

以下では、より良い視察にするためのポイントを簡単に紹介します。

2 「先進事例」は「成功事例」ではない

読者の中には「先進事例＝成功事例」と勘違いしている方もいるかもしれません。実は大きく異なります。筆者が視察をしようとする自治体職員や議員に、視察先を選定した理由を尋ねると「先進事例だから」という回答が多くあります。

ここで注意してほしいのは、先進事例は必ずしも成功事例ではないという事実です。先進事例とは、あくまでも「他に先駆けて実施した事例」です。言い方に語弊があるかもしれませんが、「たまたま先に実施しただけの事例」である場合も多くあります。何も考えずに単に先駆けて実施した場合は、先進事例であっても失敗事例であるかもしれません。

先進事例が本当に参考とすべき事例なのか客観的に検討する必要があるでしょう。その意味では視察は、実際に視察する以前から始まっているといっても過言ではありません。より良い視察にするためには、視察以前にしっかりとした政策研究が求められます。しっかりとした政策研究をしていれば、「名ばかり視察」になることはありません。

最近はやりのシティプロモーションを事例に考えてみます。シティプロモーションは、交流人口（特に観光誘客）の拡大や定住人口の増加を推進する可能性があるとして注目を集めています。今日、多くの自治体がシティプロモーションに取り組んでいます。その中でH市はシティプロモーションの先進事例と称されています。

確かに、H市は他自治体に先駆けて早い時期からシティプロモーションを実施したためマスメディアでも注目されています。しかし、H市の取組は冷静に捉える必要があるでしょう。H市はシティプロモーションの先行者利益を得て、

マスメディアに登場する回数が増えています。その結果、H市の認知度は上昇しているようです。

しかしながら、交流人口と定住人口は減少しています。さらに財政も悪化しています。このような状況でシティプロモーションの視察先として選択してもよいのでしょうか。ちなみに、H市の定住人口が減少する理由は、社会減が大きな理由です。その意味では、市に対する誇りや愛着の構築も失敗しているといえます。

数字を確認すると、H市の多くの指標は悪化しています。しかし、シティプロモーションの先進事例と称されるため、視察が相次いでいます。当然、議員視察も多くあります。H市を視察したT議員は、所属する議会の定例会で「H市を参考にしてシティプロモーションを実施し、定住人口を増やしたらどうか」（趣旨）と執行部に質問しています。もし、H市を参考にシティプロモーションを実施したら、様々な指標が悪化する可能性があるでしょう。これは愚の骨頂です。

すなわち、先進事例が成功事例とは限らないのです。読者が視察先を決定しようとするのならば、その視察先が本当に成功事例であるかを、しっかりと政策研究をしなくてはいけません。政策研究により、成功か失敗かを見極める必要があります。

どうしてもH市に視察に行きたいのならば、失敗事例と捉え反面教師にしたほうがよいでしょう。

3 定住人口を増やしたければ定住人口が増えている自治体に視察に行く

冒頭の小見出しの「定住人口を増やしたければ定住人口が増えている自治体に視察に行く」を見て、読者は「当たり前じゃないか」と思うでしょう。しかし、この当たり前のことができていないのが実態です。この当たり前のことができていれば、H市に視察に行くことはありません。

先に紹介したT議員の議会質問の前後の文脈から検討すると、「H市はシティプロモーションの先進事例だから、定住人口も増加させているだろう」と勘違いしている様子がうかがえます。T議員は、先進事例がイコール成功事例と短

絡的に考えているようです。ここに視察先選定の間違いがあります。勘違いしている自治体職員や議員が多いので言及しておくと、シティプロモーションを実施すれば、定住人口（や交流人口）が増加するわけではありません。シティプロモーションを推進しても、定住人口（や交流人口）が減少している自治体は多くあります。

　話がそれますが、「シティプロモーションをすれば定住人口が増加する」という発想が大いに間違っているのです。そうではなくて、「定住人口が増加するようなシティプロモーションを実施する」という考えが求められます。この点は注意してください。

　話を戻します。もし、T議員が「定住人口を増加させたい」と考えるならば、シティプロモーションに取り組んでいる自治体に視察に行くのは間違っています。正しい視察は「定住人口を増やしたければ、定住人口が増えている自治体に視察に行く」になります。そのためには政策研究をしっかりと実施しなくてはいけません。

　しかし、T議員の視察の実態は「シティプロモーションに取り組んでいるし、なんとなくあの自治体は先進的だから、きっと定住人口を増やしているだろう」という理由で視察を選んだと推察されます。この安易な思考を打ち破るのが政策研究です。安易な思考に流された政策づくりには注意してください。

4　移転可能性を「常に」考える

　視察に行った結果が「とても参考になりました」や「有意義な視察でした」では、単なる感想であり視察をした意味がありません。視察は得られた知見を自分たちの自治体に移転することに意義があります。その意味で「移転可能性」を常に考えておく必要があります。「常に」というのは、視察先の選定から常に考えておくという意味です。移転可能性を前提として、視察先を選定することが望ましいでしょう。

　視察で得た知見を自分たちの自治体にすぐに移転するためには、「同規模の自治体に視察に行く」といいでしょう。町村が政令市や都道府県に視察に行くことは「全く意味がない」とは言いませんが、そこで得た知見を移転することは難しい現状があります。

町村と政令市を比較したとき、そもそも人・物・金といった行政資源の量が圧倒的に異なります。そして権限も違ってきます。そのため得られた知見を移転しようとしても「人材が足りない」や「道路整備の権限がない」などの障害が出てきます。結局は、権限や人・物・金という行政資源の違いにより、視察で得られた成果を移転できないことが往々にしてあります。もし、視察の成果を確実に活用したい場合は、できるだけ同規模自治体や類似団体に行ったほうが移転可能性はたやすくなります。

また、移転可能性を念頭において、質問事項も考えることが大事です（質問事項は、視察当日に提示するのではなく、事前に送付しておくことがマナーです。）。移転可能性を考えずに質問項目を設計すると、何ら視察の成果は得られません。視察の成果を確実に生かすためには、視察先を探す段階から、実際に視察に行き、視察報告書（復命書）を書いて終了するまでの間は、一貫して移転可能性を頭に入れつつ進めていく必要があるでしょう。

5　視察は結果だけではなく過程にも重きを置く

先に視察は「同規模や類似の自治体に行ったほうがいい」と記しました。そのほうが移転可能性の要素を簡単に見付けることができるからです。しかし、筆者は規模の異なる自治体への視察を否定しているわけではありません。もし、同規模の自治体だけの視察に限定してしまうと、民間団体（株式会社や公益法人、大学など）が対象から外れてしまいます。民間団体への視察も、とても有意義です。

規模の異なる自治体への視察や、民間団体への視察により得られた知見を活用する一つのポイントは「過程を確認する」ことです。

視察は、一般的には、数ある成功事例の中から視察先を選定し、実際に現地に行くことになります。そして、視察に行くと事例の「結果」だけに注目してしまう傾向が強くあります。しかし、実は「結果」の移転は難しい現状があります。

例えば、葉っぱビジネスで有名な上勝町（徳島県）や、ＩＣＴ（情報通信技術）を活用したリモートワークで知名度を高めている神山町（徳島県）など視察先として人気のある事例は多々あります。近年では、ＰＰＰ（公民連携）手

法を駆使して整備した「オガール」で知られる紫波町（岩手県）が視察先として人気があります。

年間、これらの成功事例のある自治体に多くの視察者が訪れます。しかし、第二の上勝町や第二の神山町、第二の紫波町が誕生したということは聞きません。つまり、既存の成功事例という「結果」は、自分たちの自治体になかなか移転できないことを意味しています。この観点から考えられることは、視察のポイントは成功事例の結果も把握しつつ、成功までに導いた「過程」をしっかりと把握することです。

筆者が特に実感しているのは、視察で学んだ成功事例はなかなか移転できない現実があるという事実です。ところが、成功事例にたどり着くまでの過程は、比較的移転しやすいものです。上勝町を視察して、「葉っぱビジネス」の歴史を学び、その「過程」を移転することが大事です。その結果、上勝町と全く同じ「葉っぱビジネス」という政策は実現しないかもしれませんが、「葉っぱビジネス」のような新しいビジネス（例えば「石ころビジネス」など）が誕生する可能性があります。

すなわち、視察は「結果を見る」ことに重きを置くのではなく、「過程を知る」ことにより、移転可能性に向けた様々な知見を得ることができます。この過程に重きを置いた視察であるならば、同規模の自治体や類似団体でなくても、また民間団体に行っても、多くの知見を得て、政策づくりに活用することができるでしょう。

繰り返しますが、「政策は過程にこそ再現性（移転可能性が高い）がある」ということを知ってほしいのです。だからこそ、過程を把握するために視察に行くのです。しかし、既存の多くの視察は、結果に重きが置かれています。議会質問を確認すると、「上勝町を目指したらどうか」や「神山町のような取組を実施すべき」という結果だけに注目した質問（執行部への提案）が多くありますが、政策の結果は、簡単に移転できないため注意してほしいと思います。

6　自分の自治体の未来に視察に行く

冒頭で「自分の自治体の未来に視察に行く」と書きました。読者は「何を言っているのか」と疑問に思うでしょう。実は、自分の自治体の未来に視察に行く

ことも可能です。それはタイムマシンに乗って……という夢見的なことではありません。

　この視察は、筆者が関わりをもっている戸田市等で行いました。戸田市政策研究所は、2009（平成21）年度と 2010（平成22）年度に「急速な高齢化が戸田市へもたらす影響に関する研究」を実施しています。同研究の中で、戸田市の未来に視察に行きました。なお、戸田市政策研究所は、戸田市が内部組織（一つの係）として設置した自治体シンクタンクになります[1]。

　同研究は、2035年の戸田市が抱えるだろう問題を把握することでした。そこで当時（2009（平成21）年）、まずは国立社会保障人口問題研究所の将来人口推計の結果から、2035年における戸田市の将来人口推計と人口3区分を把握しました。次いで、現時点（2009（平成21）年時点）において、戸田市の2035年の人口3区分と近い自治体を探しました。するとK市をはじめ、いくつか該当する自治体がありました。つまり、それらの自治体は2035年の戸田市の状況に近いと予測されます。そこで、戸田市はK市に視察に行くことにしました。これが「自分の自治体の未来に視察に行く」という意味になります。

　実際、戸田市職員とともに筆者はK市に視察に行くと、様々な発見がありました。特に2035年の戸田市の姿が、視察に行った職員の目の前に現実的に現れていることのインパクトは大きいものがありました。また、K市の行政分野の担当者からヒアリングすることにより、今後、戸田市において発生するだろう問題もおおよそ予想できました。そして、その問題が発生しないように、先手で政策を打つことが可能となりました。

　現在、戸田市は定住人口の増加率が10.6％（2015（平成27）年国勢調査）です。この結果は、戸田市の利便性（都市圏に近い）ということもありますが、「未来の戸田市」に視察に行くことにより、先手先手で政策を打ってきました。

（1　自治体シンクタンクについては、次の文献を参照してください。

　　牧瀬稔・戸田市政策研究所編著『選ばれる自治体の条件―政策開発の手法と実践―』東京法令出版、平成22年

　　牧瀬稔著『政策形成の戦略と展開〜自治体シンクタンク序説〜』東京法令出版、平成21年

　　牧瀬稔・戸田市政策研究所編著『政策開発の手法と実践―自治体シンクタンク「戸田市政策研究所」の可能性―』東京法令出版、平成21年

10

このときの視察が大きいと筆者は考えています(2。

　読者も未来の自分たちの自治体に視察に行ってみたらどうでしょうか。多くの発見があり、今後の政策づくりに貢献することは間違いありません。

7　ベストプラクティスと反面教師

　視察を活用する視点として「ベストプラクティス」と「反面教師」という考えがあります。これらの概念を紹介します。

　ベストプラクティスとは経営学の用語です。その意味は「経営活動における最も優れていると考えられる業務プロセスや業務推進の方法などを指し、そして、最も転用しやすいノウハウ」と定義されます。簡単にいってしまうと「模倣しやすい良いノウハウ」です。

　多くの良い事例を収集し、その中から共通項を見付けます。そして、共通項を自分たちの自治体に当てはめていくことが政策づくりの王道です。

　ちなみに、経済学には「ガーシェンクロンの仮説」（後発性の利益）という概念があります。その意味は「後発国は先進国の開発した新しい技術を導入しながら工業化を推進するため、工業化のプロセスは短期化され、経済成長率も先進国を上回る高さを示す」という考えです。つまり、経済発展を開始する後発国は、既に経済発展した模範となる国（日本や韓国等）を参考にするため、容易にしかも短期間で経済発展が可能となるという事実です。さらに、後発国にとっては、先進国が経済発展を進める上で経験した悪い点は回避し、良い点のみを模倣するため、短期間で経済発展が可能といわれています。

　一方で、反面教師という考えも使えます。反面教師とは「悪い見本として反省や戒めの材料となる物事」という意味です。すなわち「悪い点は決してまねしない」ことが重要です。

　しばしば、視察先はベストプラクティスばかりが対象となります。良い事例

（2　戸田市の定住人口が増加する要因として、地理的条件に恵まれている優位性もあります。しかし、東京都心の新宿駅等を起点として、同じ距離、同じ通勤時間の自治体の中で、戸田市は圧倒的に人口が増加しています。新宿駅等を起点として、戸田市と同じ距離、同じ通勤時間の自治体の中には、人口を減少させている事例も多くあります。すなわち、定住人口の増加などの善の結果は、戸田市の政策も大きな要素となっていると指摘できます。そして、この政策づくりに貢献したのが「未来の自治体に視察に行く」です。

も大切ですが、視察先として反面教師になる素材を選定してもよいでしょう。もちろん、視察先に面と向かって「反面教師とするために視察に来ました」とは言えないと思いますが……。実は、筆者は、政策の失敗を招かないために、反面教師として視察先を選定することもあります。

成功事例でも失敗事例でも、それぞれに共通する要素が多くあります。この共通点をしっかりと把握することが視察では大切です。その意味で、視察は数事例あったほうがよいです。複数の視察を実施し、その中から共通点を抽出することが求められます。

一般的に複数の視察に共通している要素は、再現性が高くなるということです（**図表1**）。それぞれの事例の共通点は再現性が高いものです。すなわち、共通点は自分たちの自治体でも移転しやすい要素です。その意味で、参考となる良い事例や悪い事例を複数集め、視察に行くとよいでしょう。

図表1　複数の事例から共通項を見いだす（イメージ）

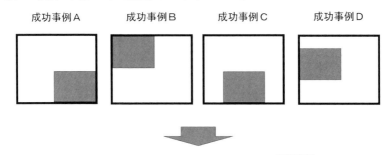

4つの成功事例（あるいは失敗事例）に、共通項として　　　　　がある。この共通点は、移転しやすく再現性が高い。
そのため複数の視察から、共通点を見いだすことが視察のポイントである。

8　議会における視察の法的根拠はどこか

ここは議会を対象に記します。議員が議会活動として視察に行く場合の法的根拠は、どこにあるのでしょうか。

地方自治法の中に視察という2文字が登場するのは第157条第2項です。そこには「前項の場合において必要があるときは、普通地方公共団体の長は、当該普通地方公共団体の区域内の公共的団体等をして事務の報告をさせ、書類及び

帳簿を提出させ及び実地について事務を視察することができる」とあり、主語は長となっています。つまり「長が視察することができる」のです。実際は、長が視察をすることはまれであるため、長から権限を委任された補助機関（自治体職員）が視察をすることになると思われます。

なお、「前項」とは「普通地方公共団体の長は、当該普通地方公共団体の区域内の公共的団体等の活動の綜合調整を図るため、これを指揮監督することができる」という条文です。

地方自治法第2編第6章に規定されている議会の章を読んでも、視察について明記している条文はありません。そこで、視察を議会活動として明確に位置付けるためには、議会基本条例において視察の位置付けを明確にする必要があるかもしれません。しかし、今日、多数の議会基本条例がある中で、視察を規定しているものは意外とありません。

例えば、登別市議会基本条例は第3条が「委員会の活動」となっています。そして、条文は「委員会は、市民との協働にふさわしい委員会活動及び運営を目指すため、次に掲げることを行います」です。そして、同条第4号に「充実した行政視察の実施とその成果を踏まえた政策提案」と明記されています。

春日部市議会基本条例は、第6条が「議会の機能強化」となっています。そして、同条第2項が「議会は、政策立案に資するため、必要な研修及び視察を行うことができるものとする」と明記し、続いて第3項が「議会は、前項の研修及び視察を行ったときは、その結果を市民に公表しなければならない」と記されています。筆者は、議会基本条例の全てを調べたわけではありませんが、こうした例はまれで、議会基本条例の中に視察を規定している事例はほとんど見当たりません。

しかし、議会基本条例に「視察」は明記されていませんが、多くの場合は政務活動費の交付に関する条例や議会事務局処務規程の中に視察という2文字が登場してきます。これらの条例や規程の中で、一応、視察を位置付けているようです（位置付けているといっても、視察に関する支出費目などであり、実際は趣旨がやや異なります。さらに「規程」の場合は法的根拠になりません。）。しかし本来は、議会基本条例の中で、議会が行う視察の意義や役割、また視察を経て得られた成果の活用方法（視察結果の情報公開も含む。）なども明確に記

したほうがよいでしょう。

　読者が議員の場合は、改めて視察の意義を考えたほうがよいと思います。特に法的根拠からの視察の意義の検討が必要になります。

9　視察は政策づくりの第一歩

　格言に「百聞は一見に如かず」（百聞不如一見）があります。中国の古典（「漢書」趙充国伝）に出てくる言葉です。この意味は「百回聞くよりも、たった一度でも自分の目で見たほうが確かである」です。これは視察の意義を訴えている言葉です。

　この「百聞は一見に如かず」の後に、創作して次のような言葉が用意されています。それは、「百見は一考に如かず」（百見不如一考）です。この意味は「百回見るよりも、たった一度でも自分の頭で考えたほうが確かだ」です。視察から得た知見や体験を生かして、改めて「自分の頭で考える」ことの大切さを述べています。

　さらに、「百考は一行に如かず」（百考不如一行）へと続きます。この意味は「百回考えるよりも、たった一度でも自分が行動したほうが確かだ」になります。この後にまだ続きがあり、「百行は一果に如かず」（百行不如一果）となります。これは「百回行動しても、一つでも成果を残さなければ意味がない」になります。

　そして、最終的に「百果は一幸に如かず」（百果不如一幸）となります。それは、「百回成果をあげても、一回でも幸せを感じなければ意味がない」となるのでしょう。

　何を言いたかったかというと、自治体の目的である「住民の福祉の増進」（地方自治法第1条の2）という「一幸」を達成するための政策づくりには、まずは百聞して、次に百見し、百考、百行、百果と段階的にレベルアップしていく必要があるということです。そして初期の段階で、視察という「百見」があります。この百見を経なければ、最終的な一幸にもつながっていきません。その意味で、視察はとても重要です（視察と書いていますが「現場志向」と換言してもよいと思います。）。

　最後になりますが、政策づくりにおいて、視察の機会を増やすことも提案し

ます（自治体職員や議員に関係なく、もっと視察に取り組むべきでしょう。）。ところが、視察経費をほとんど用意していない自治体が多くあります。それでは自治体職員はますます内向的になってしまいます。ある程度の視察経費を用意して、積極的に視察に行ける機会（行かせる機会）をつくるべきと考えます。視察を経ない政策づくりは机上の空論そのものです。実効性がなく使えません。

　議員も、より視察に多く取り組んでもらいたいと思います。住民の目が厳しく、政務活動費のチェックがうるさいですが（「うるさい」という言い方は語弊がありますね。）、正しい視察であるならば、多くの健全な住民は理解してくれます[3]。視察の成果を政策づくりに生かして住民の福祉の増進を真摯に実現していけば、一部の住民の非難や批判は少なくなるでしょう[4]。

　次は、視察を前提とする政策研究の基本的な視点を紹介します。

（3　やや脱線しますが、気になったことを記しておきます。大多数の住民は健全ですが、一部の住民は健全とはいえません。2016（平成28）年7月19日の各紙の報道によると、大阪市は市職員への執拗な要求や膨大な情報公開請求により業務に支障が出たとして、同市に住んでいた50代男性に損害賠償などを求めた訴訟がありました。大阪地裁は男性の業務妨害的な行為を認定し、損害賠償の支払いを命じています。昨今では、一部の住民のクレーマー化が市職員の業務妨害となり、全体の福祉の増進に支障が出てくる可能性があります。クレーマー住民はクレームを言うことが目的化していますから、とても厄介です。個人的には、そういう住民に対しては、自治体としてもしっかりと対処していく時代と思われます。その対処の一つが裁判に出ることと思います。

（4　本稿は、次の連載から一部を抜粋し、新たに加筆・削除等の修正をしました。より「視察」を詳しく知りたい読者は、次の記事を参照してください。

　　牧瀬稔「牧瀬稔のらくらく視察力アップ講座」（第一法規『議員NAVI』）第1回、第2回、第3回、第5回、第7回、第9回、第10回、第19回、第20回（2015年3月〜2016年10月）を元に加筆

　　『議員NAVI』はweb誌です。URLはhttp://www.dh-giin.com/です。

第2章　政策研究の基本的視点　*15*

第2章

政策研究の基本的視点

　前章の中で政策研究の重要性を何度か指摘しました。本章は、政策研究の進め方や視点を紹介します。ただし、「政策研究の進め方や視点」と一口にいっても、様々な切り口があります。俯瞰的なマクロレベルの政策研究がありますし、施策や事業に近いミクロレベルの政策研究もあります。

　本章では、マクロレベルやミクロレベルとは分類しません。現時点において、筆者が「最低限は知っておいたほうがいい」と思っている政策研究の基本的な視点を紹介します。

1　視察には事前の政策研究が欠かせない

　既に言及しましたが、先進事例と成功事例は異なります。本当は失敗事例であるのに、単に「先に始めた」という理由だけで視察に行ってしまう場合が多くあります。そうなってしまう理由は、政策研究ができていないからです。

　政策研究のない視察は、観光や旅行です。「視察」というからには、事前に政策研究をしておく必要があります。そして、政策研究は「政策形成サイクル」の中で考えることが大切です。

　政策研究の意味を確認します。辞書で調べると、政策とは「目的を遂行するための方針。問題を解決するための手段」と定義されています。そして、研究とは「物事を詳しく調べたり深く考えたりして、事実や真理などを明らかにすること」と記されています。これらの意味から、簡単に政策研究を定義すると「目的遂行のための方針や問題解決のために、当該事象を詳しく調べたり深く考えたりして、最適な手段を明らかにすること」となります。

　視察先の選定を、雑誌をパラパラめくって意図もなく見つけるのはナンセン

スです。読者が政策づくりに取り組むのならば、「何が問題か」を明確にし、「その問題を解決するために望ましい事例はどこか（望ましい最適な手段は何か）」と、政策研究をしてから視察先を決める必要があるでしょう。

大丈夫とは思いますが、温泉があるからとか、夜に遊べるからとか、という理由で視察先を決定するのは基本的に良くありません（「基本的に」と書いたのは、「温泉」や「夜の遊び」が視察の対象となる場合もあるからです。）。

2　DCとDAを意識した政策づくり

しばしば「政策づくりはPDCAを意識することが大事」と言う人がいます。PDCAとは、民間企業の経営活動を改善していくための継続的な取組です。しばしば「PDCAサイクル」といわれます（**図表2**）。

図表2　PDCAサイクル

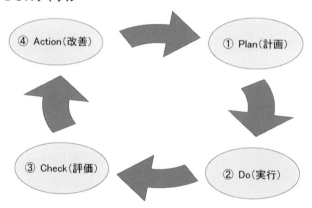

民間企業が経営を展開する際に、「①計画」（Plan）を立て、「②実行」（Do）し、実行した後、その「③評価」（Check）に基づいて、「④改善」（Action）を行うという一連の工程を継続的に繰り返す仕組みです。

冒頭の「政策づくりはPDCAを意識することが大事」といわれるように、確かに自治体の政策づくりにおいても、PDCAの視点は重要と思います。しかし、筆者は「厳密にいうと、それは違う」と考えています。実は「①計画」（Plan）の前に重要な取組があります。それは「データ分析」（Data Analysis）です。さらにいうと、データ分析の前には「データ収集」（Data Collection）が求められます。

実効性のある政策にしていくためには、必要なデータを的確に収集して、集めたデータをしっかり分析する必要があります（しかもデータを収集するだけではなく、使えるように整理し加工していく能力も求められます。）。ＤＣとＤＡをしっかりと行い、科学的根拠をもって政策立案していきます。そうしなくては政策を実行に移したときに、成功の軌道に乗ることはありません。

筆者が、自治体の現場に入り、政策づくりに取り組むと、ＤＣとＤＡが弱い、あるいは全く実施していない場合が意外に多くあります。だからこそ、筆者が呼ばれるのだと理解しています。ＤＣやＤＡがない政策づくりを「何となく計画」や「思いつき政策立案」といいます。「何となく」や「思いつき」では、その政策を実行しても99％は失敗に終わるでしょう（もちろん、たまたま運が良くて成功する可能性が１％くらいはあると思います。）。

繰り返しになりますが、政策づくりには、必要なデータを的確に収集して、集めたデータをしっかり分析していくことが大事です。この一連の過程こそが「ＥＢＰＭ」なのです。このＥＢＰＭは、最近はやっている言葉です。「Evidence Based Policy Making」の頭文字をとったものです。訳すと「証拠（科学的根拠）に基づく政策立案」になります。

ところが自治体職員や議員のＥＢＰＭは、「Evidence Based Policy Making」ではなく「Experience Based Policy Making」が多いような気がします。これは「個人的な経験に基づく政策立案」です。

確かに経験値は重要です。しかし、経験だけではうまくいきません。経験では確かな政策は創出されません。経験に加え証拠を用意することにより、政策は鬼に金棒となります。

当たり前ですが、政策づくりにはデータ収集とデータ分析が必要です。ところが、政策づくりの現場に行くと「市長から指示があったから」（忖度型ＥＢＰＭ）とか「議員から質問を受けたので」（押し付け型ＥＢＰＭ）という理由で、データ収集と分析をしないで政策立案に動く傾向があります。これではいけません。

しっかりとデータ収集し分析をして、その結果、政策は必要ないと分かったのならば、勇気を持って「その指示のあった政策は、●●という根拠から実施しないほうがいい」と言っていくことも求められます（が、自治体職員は、そ

のような発言はなかなかできないでしょう。そこで政策アドバイザーとして筆者が代わりに言ったりしています。)。

3　政策形成サイクルとは何か

　政策形成サイクルを簡単に言及します。政策形成サイクルは、ＰＤＣＡサイクルを行政に当てはめた手法です。政策形成サイクルは政策研究にはじまり、政策立案、政策決定、政策実行、政策評価と続いていきます（**図表３**）。それぞれが相互に作用して、政策形成サイクルは成立しています。

図表３　政策形成サイクル

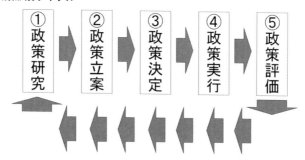

　最初の「①政策研究」は、問題と課題[5]を的確に把握することから始まります。この時点では地道なデータ収集や分析、検討という作業が主体となります（この政策研究にＤＣとＤＡが入ります。）。データの収集と分析により、得られた結果を考察することで、問題と課題を認識します。そして、その背景や理由などを明らかにします。

　政策は問題と課題に対して、どのような方向性で臨むか、あるいはどのよう

(5　辞書で「問題」を調べると「①解答を求める問い。試験などの問い。②批判・論争・研究などの対象となる事柄。③困った事柄。厄介な事件。④世間が関心をよせているもの。話題」とあります。そして、「課題」は「①与える、または、与えられる題目や主題。②解決しなければならない問題。果たすべき仕事」と定義されています。
　　政策づくりにおける問題とは、「困った事柄、厄介な事件、世間が関心をよせている事案であり、何かしらの弊害（マイナス）を発生させている原因そのもの」と捉えられます。そして、課題とは「その問題を解決するために果たすべき仕事、やるべきこと、やると決めたこと」と考えることができます。ちなみに、辞書には「問題」の定義の例文として「問題の議員」がありました。辞書が、議員を「問題」と公式に捉えているような感じです。一日も早く辞書から「問題の議員」という例文が消えるように、議員は頑張ってほしいと思います。

第2章　政策研究の基本的視点　　**19**

な対応で進めるかを考える段階です。しっかりと政策研究を進めていくと、ある程度、問題と課題が明らかになります（ただし、かなり時間が掛かることもあります。筆者の経験では、政策づくりの全工程の中で「政策研究」に6割程度費やすという感じです。）。

　それらの中から、対処すべきと認知された内容について、方向や対応を具体化する段階が「②政策立案」になります。ここで「政策」と明記していますが、「施策」や「事業」も該当します⁽⁶⁾。政策立案は、具体的な政策案として提示される段階です。問題解決すべきと認識される対応策を「複数」考えることが大切です。一つだけの手段ではなく、複数の手段を用意することがポイントです。

　そして、「③政策決定」となります。「②政策立案」において議論され提示された政策案（施策案や事業案も含む）について、決定権限を有する者が審査し決定する段階です。また、この段階では「②政策立案」において検討された政策案に対し、利害関係者との調整が行われ、最終的な合意形成がなされます⁽⁷⁾。この段階にパブリックコメントなども入ります。教科書的にいうと、決定権限を持っているのは長ではなく議会です（しかし、実質的には、長に決定権があるといえます。）。

　続いて「④政策実行」に移ります。「③政策決定」で決まった政策を実施する段階です。ここでは「①政策研究」→「②政策立案」→「③政策決定」という流れを経て、「④政策実行」として、具体的な政策活動となって体現されます。決定された政策を実行するのは自治体職員（補助機関）です。議会は執行権がないため政策実行はできません。

　最後は「⑤政策評価」です。「④政策実行」で実施された政策について、その

────────────────────────

（6　「政策」とは、自治体（議会を含む）が目指すべきまちづくりの方向や目標を示すものになります（施策の集まりが政策になります。）。「施策」とは、政策を実現するための方策と捉えられます（事業の集まりが施策になります。）。「事業」とは施策を実現させるための具体的な手段となります。

（7　この段階では、どの手段が有効か、証拠を挙げて検討し明らかにしなければいけません。そして、実際にどの手段が用いられるかを判断しなければいけません。解決しなければならない問題の順位付けから始まって政策手段の選択、そして、結果の評価までの一連のプロセスを分析の対象とすることが政策（施策・事業）提案となります。

効果や必要性等が検証され評価されます。この「⑤政策評価」では必要に応じて、実施した政策の拡充・継続・修正・転換・縮小・廃止等が決定されます。そして、「⑤政策評価」が「①政策研究」にフィードバックされることにより、政策づくりが持続的に発展していくことになります。政策のスパイラルアップ（好循環）が実現されます。

4　5W1Hで考える

　読者は「5W1H」を聞いたことがあると思います。これは「When（時期・いつ）」「Where（場所・どこで）」「Who（主体・誰が）」「What（目的・何を）」「Why（理由・なぜ）」「How（方法・どのようにして）」になります。

　しばしば、5W1Hは趣旨説明や情報伝達に活用されます。「いつ」「どこで」「誰が」「何を」「なぜ」「どのように」という順序で趣旨説明や情報伝達を進めると、相手が理解しやすくなるといわれています。5W1Hにそって整理し、5W1Hに分けて相手に伝えるように意識すると、相手の理解もスムーズに進みます。

　5W1Hを活用することにより、趣旨や情報が「伝える」から「伝わる」に変化します。何事も「伝わるように伝える」ことが大切です[8]。

　5W1Hは趣旨説明や情報伝達だけに限りません。政策（施策や事業を含む）を分解し、政策の内容をしっかりと把握するのにも役立ちます。また、政策を提案するときも、5W1Hを意識することにより、実効性のある政策につながっていきます。5W1Hは趣旨説明や情報伝達に限らず、様々な場面で応用が効きます。

（8　「相手が理解できるように伝える」ことを「話せる化」ということがあります。この「話せる化」の能力は、ますます求められてくるでしょう。さらに「見える化」も必須といわれています。見える化とは、行政活動や政策思考など様々なものを「見える」ようにする試みです。特に見える化により、自治体に影響する事象を的確に把握し、問題の影響を極小化させることが可能となります。さらには、問題の発生しにくい環境を再構築することができるといわれています。また「見せる化」も重要かもしれません。例えば、いま自治体が積極的に進めているシティプロモーション（シティセールス）は見せる化が求められるでしょう。自分たちの自治体の良いところを外部に見せていく（アピールしていく）ことが大切です。これが「見せる化」です。言い方に語弊がありますが、シティプロモーションを成功させるには、うそをつかない限りは、少しくらい針小棒大になってもよいかもしれません。

ちなみに、５Ｗ１Ｈは視察においても活用できます。視察先を訪問し、視察の対象となる先進事例について５Ｗ１Ｈを意識して聞くことで、先進事例の内容をしっかりと把握することができます。読者も５Ｗ１Ｈを活用して視察先の先進事例を把握し、質問したらよいと思います。

５　実は１Ｗ３Ｈを足して「６Ｗ４Ｈ」が重要

　政策づくりにおいては、５Ｗ１Ｈでは足りないことがあります。５Ｗ１Ｈでは限界があります。そこで５Ｗ１Ｈに１Ｗ３Ｈを加えて「６Ｗ４Ｈ」とします。

　１Ｈとは「Whom（対象・誰に）」です。政策により影響を受ける対象者を把握します。対象者が明確でない政策は、効果が曖昧になってしまいます。そこで「誰を対象に政策を実施するのか」という「Whom」を確認する必要があるでしょう。

　さらにいうと「Whom」は具体的に把握することが求められます。例えば、筆者が「誰を対象に事業を実施したのですか？」と尋ねると、担当者が「子育て世帯です！」と回答することが多くあります。この「子育て世帯」は良い回答ではありません。

　この「子育て世帯」という概念は曖昧です。子育て世帯は幅広く、０歳〜18歳の子を持つ世帯が該当します。あるいは18歳でとどまらず30歳まで拡大解釈している場合もあります。つまり「子育て世帯」という回答では、「Whom」が絞られていない状況です。

　このように「子育て世帯です」と回答する場合は、再度「子育て世帯とは子どもの年齢を何歳から何歳までと設定していますか」や「子育て世帯の母親の年齢は何歳から何歳と捉えていますか」などと、具体的に考え直す必要があります。

　続いて３Ｈとは、「How many（数量・いくつで）」「How much（予算・いくらで）」「How long（期間・いつまで）」となります。

　これからの時代は、全ての住民に対して政策を実施する時代ではありません。むしろ様々な制約から実施できない実情があります。本当に必要としている住民に対して、政策を展開していかなくてはいけません。その意味でしっかりと「How many」を把握していく必要があるでしょう。

ちなみに「How many」は「Whom」と密接にリンクしています。「Whom」で設定した対象者の全員なのか（10/10）、半分なのか（5/10）ということです。そして、「10/10」や「5/10」としたのならば、そのように設定した理由も明確にしなくてはいけません。政策づくり全般にいえることですが、何事も根拠を持たなくてはいけません。

さらにいうと、財源は無限ではありません。予算には限界が伴います。その意味では「How much」も明確にする必要があります（可能ならば対象者一人当たりに費やされる事業費の明確化が望ましいです。）。そして「How long」も必須です。当たり前ですが、永続的に政策を実施できるわけではありません。今日、多くの政策が期限を決めて取り組まれています。この「How long」も把握しつつ、その設定した期限の根拠も明確にしておくとよいでしょう。

このように政策づくりは「6W4H」を意識するとよいでしょう（視察の場合は「6W4H」を念頭に置いて質問項目を作成していきます。）。

6　アウトプットとアウトカムの用意

6W4Hに加え、「アウトプット」（Output）と「アウトカム」（Outcome）も用意しておくと、なおよいです。しばしばアウトプットは「結果」、アウトカムは「成果」といわれます。

具体的に言及すると、アウトプットとは、事業の実施によって行われる「自治体の直接的な対応の指標（取組）」を指します。アウトカムとは、自治体の直接的な対応によって「もたらされる地域住民や地域社会への指標（影響）」を意味します（「アウトプットの結果がアウトカムという成果になる」と考えてもよいでしょう。）。

例えば、税収の減少に悩んでいる自治体があるとします。この場合は、施策や事業の目標値を決めるときに「徴税訪問件数を20件増やす」と指標を設定します。この「20件増やす」は自治体の直接的な対応であるため、「アウトプット」となります。そして、20件の徴税訪問に回った結果により、もたらされる成果と考えた「税収を500万円増加させる」は「アウトカム」です。

あるいは、待機児童を解消するために「保育所を5施設増設する」は「アウトプット」になります。そして、その成果として「待機児童数が200人減少する」

は「アウトカム」です。

　多くの自治体が策定している「地方版総合戦略」では、重要業績評価指標（Ｋ
ＰＩ）が求められています。地方版総合戦略における重要業績評価指標とは、
地方人口ビジョンにおける目標人口を達成するために実施する施策ごとの進捗状
況を検証するための指標（数値）です。ＫＰＩとは、「Key Performance Indicator」
の略称です。

　ＫＰＩは、原則として「アウトカム」で書き込むことが求められています。
国の「地方版総合戦略策定のための手引き」には、「地方版総合戦略には、盛り
込む政策分野ごとに５年後の基本目標を設定します。この基本目標には、行政
活動そのものの結果（アウトプット）ではなく、その結果として住民にもたら
された便益（アウトカム）に関する数値目標を設定する必要があります」と記
されています。

　余談になりますが、民間企業には「重要目標達成指標」（ＫＧＩ）という概念
があります（ＫＧＩとは「Key Goal Indicator」の略称です。）。一般的には、民
間企業は売り上げや経常利益などという観点から最終的な「目標」を定めてい
ます。この目標を評価するのが「重要目標達成指標」です。そして、その目標
を具体的に実現するための「手段」を検討してから実施することになります。
その手段がしっかりと遂行されているかどうかを定量的に測定することが「重
要業績評価指数」です。双方の観点から評価していくことは、民間企業におけ
る経営の持続性を担保する意味で重要とされています。

　「重要目標達成指標」（ＫＧＩ）と「重要業績評価指標」（ＫＰＩ）の関係を
言及すると、ＫＧＩは、目標に対する達成度合いを定量的に表す指標です。そ
してＫＰＩは目標達成の過程を計測するために、実行の度合いを定量的に示す
ことになります。国の「地方版総合戦略策定のための手引き」等には、ＫＰＩ
の言及はあっても、ＫＧＩに関する指摘が見当たりません。そのため何ともい
えませんが、議論を単純化すると、地方人口ビジョンにおける目標人口がＫＧ
Ｉであり（民間企業における売上げや経常利益に該当する）、それを達成するた
めに実行する施策の成果を測る指標がＫＰＩということができそうです。

7 メリットとデメリットも把握

さらにいうと、6W4Hとアウトプットとアウトカムに加え、「メリット」と「デメリット」も把握しておくとよいでしょう。どうしてもメリットとデメリットは定性的な観点が多くなってしまいます。定性的な見地に加えて、客観的な数字によるメリットとデメリットも、可能な範囲で用意するとよいでしょう。

例えば、防犯まちづくりに関していうと、メリットとして、「住民間で防犯まちづくりの意識が高まった」や「声掛け運動によりコミュニティ意識が強まった」という定性的な見解があります。それに加えて「『防犯』まちづくり」を視察しているのだから、刑法犯認知件数や検挙率の推移も定量的な数字として把握しておく必要があるでしょう。

一方で、政策には必ずデメリットも伴います。観光振興をすれば、地域経済が活性化するメリットがある裏側で、交通渋滞の発生やゴミ問題がデメリットとして発生します。そこで政策展開により、登場したデメリットも捉えておくとよいでしょう。筆者が自治体職員と意見交換すると、「政策実施によるデメリットはありません。メリットばかりです！」との発言を聞くことがたまにあります。このような場合は、担当者がデメリットに気が付いていないことがほとんどです。政策には必ずデメリットが発生しますから、しっかり把握する必要があります。

また、誰にとってのメリットかデメリットかという「誰にとって」も確認する必要もあります。自治体にとってなのか、住民にとってなのか、政治家である首長なのか、地元の事業者なのか……という誰です。この「誰にとって」のメリットかデメリットも押さえておきます。

さらにいうと、デメリットを把握（予測）したのならば、そのデメリットをどのような手段で縮小や解消しようとするのかも考えるとよいでしょう。政策にはメリットとデメリットがあることを認識し、発生すると想定されるデメリットに対して的確に次の政策を用意しておく自治体こそ、先進事例であり、成功事例となっていきます。

8　政策案は複数提示

　一つの問題に対して一つの政策（施策や事業を含む。）で解決できるのが一番よいでしょう（一番効率がいい。）。しかし、今日では問題が複雑化しており、一つの政策で解決できることはほとんどありません。すなわち問題に対する特効薬がない状態です。特効薬はありませんが処方箋は多々あります。その処方箋を駆使して問題を解決する時代です。その視点で考えると、一つだけの政策案を提示するのではなく、複数の政策案を用意したほうがよいでしょう。

　また、一つだけの政策案は、受け取る側の思考が「Yes」か「No」になってしまいます。筆者の経験だと、一つだけの政策案を提示すると多くの場合が「No」という結論になります。ところが、複数の政策案を提示すると、受け取る側の思考が「どれか選ぶ」という思考回路になっていきます。その結果、何かしらの政策案が採用される傾向が強まります。その意味でも、政策案は複数提示したほうがよいでしょう。ただし、複数がいいからといって10政策案を提示するのはナンセンスです。筆者の経験ですと、提示する政策は3～5くらいがよいと考えています。

　また、例えば、A案、B案、C案があり、B案が本命ならば、A案とC案を極論化することにより、B案を選ばせるというテクニックもあります。

9　事業提案の5パターン

　事業提案は、大きく分けて5パターンしかありません。この5パターンを意識して政策づくりに取り組むことが重要です。視察に関していうと、5パターンのどれを採用するかを念頭に置きながら、ヒアリングすることも大切です。以下では、5パターンを簡単に紹介します。

(1)　新規提案型

　第1に「新規提案」があります。新規提案は、今まで自治体が想定していなかった新しい問題が浮上してきたときに行います。**図表4**は新規提案のイメージ図になります。例えば、筆者が自治体職員をしていた20年ほど前は、「空き家」という問題は話題になりませんでした（多少はあったかもしれませんが、大き

な問題となっていませんでした。)。しかし、最近、急激に問題化してきた状況があります。今までに想定していなかった新しい問題が発生したため、新規に政策を提案するという形態が**図表4**です。

図表4　新規提案型

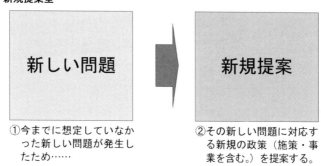

近年、取り上げられている新しい問題としては、「孤立死」や「孤独死」、「子どもの貧困」などもあります。また、今後登場しそうな問題としては、単身世帯の増加でしょう（単身世帯そのものは問題ではなく、そこから様々な問題が派生してくると考えます。）。

現在、各世代において単身世帯が増加しています。特に高齢者の単身化の急増は、先述した孤立死や孤独死にも関連することになり、様々な問題を発生させることになるでしょう。

また、近年話題になっている「引きこもり」の存在もあります。2016（平成28）年9月に内閣府が公表した「若者の生活に関する調査」によると、15～39歳で「引きこもり」に当たる人は約54万人と推計しています。

なお、内閣府は調査対象を「15～39歳」と設定しています。しかし、40歳以上には団塊ジュニアがいるため、社会的に捉えると、かなりの数が引きこもりになっている可能性があります。

新しい問題であるために、先進事例が少ないという現状があります。確かに自治体では事例は少ないのですが、民間団体は既に問題を認識して取り組んでいる場合が多くあります。そこで民間企業やＮＰＯ団体などから知見を得て、政策づくりに取り組むことも一案です。

(2) 補完・改善型

　自治体は、実に多数の事業を実施しています（おおよその事業数を知りたければ、事務事業評価を参考にするとよいと思います。）。そのため、今までにない「新規提案型」を採用することはまれと思ったほうが間違いないでしょう。提案する当事者が新規と思っていても、よく調べると既に実施されていることが意外に多くあります。

　しかし、当事者が新規の政策を提案しようと思ったのだから、既存の政策は効果的に進んでいない現状にあると考えられます。そこで、政策を提案する当事者は「なぜ、うまく進んでいないのか」や「既存政策のどこに不備があるのか」などを考え、既存政策の「穴」を指摘する思考が「補完・改善型」です。

　図表5はイメージ図です。多くの政策提案は、この「補完・改善型」を採用します。

　なお、補完とは「不十分な部分を補って、完全なものにすること」という意味があり、改善とは「悪いところを改めて良くすること」という定義になります。

図表5　補完・改善型

①既存政策がうまく進まないのは、何かが足りないからである。上記は「凹」という形であり、正しい「口」という形になっていない。事業としては不完全である。

②既存政策の穴を見つけだし、その穴を埋めてあげるのが「補完・改善型」の提案である。上記の「口」の■が埋めたところである。

　視察に関していうと、**図表5**のイメージを持ちながら臨むと、視察先の対応者の発言から様々な知見を得ることができます。しかし、その知見の全てが自分たちの自治体に移転できるとは限りません。この点はしっかりと見極めることが大事です。つまり、人的配置や予算規模の関係や、前提となる条件が異な

るため、必ずしも成功事例が自分たちの自治体に100％移転できるわけではありません。成功事例を自分たちの自治体向けにアレンジしつつ、補完・改善型を念頭に置きながら、視察事例を活用していくとよいでしょう。

(3) 上乗せ・拡充型

「補完・拡充型」は、政策を提案しようとする当事者が「今の政策はうまく進んでいない」と考え、「既存政策のどこに不備があるのか」などを考察し、既存政策の「穴」を埋めていく思考でした。

「上乗せ・拡充型」は、既存政策はしっかりと進んでいるが、「いまいち成果が出ていない」と考え、その理由が「既存政策に不備（穴）があるのではなく、「インパクトが足りない」と判断したときの思考です。字のごとく、既存政策に上乗せしたり、拡充したりする提案です。

図表6はイメージ図になります。上乗せとは、「既にある金額や数量などにさらに付け加えること。追加して増やすこと」です。そして、拡充は「組織や施設を広げて、充実させること」という意味です。辞書には「組織や施設」とありますが、ここでは組織や施設に限定せず、既存政策のさらなる「充実」という意味で使用しています。

図表6　上乗せ・拡充型

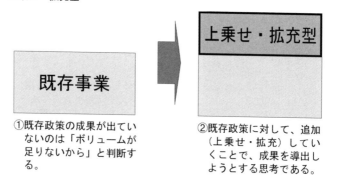

①既存政策の成果が出ていないのは「ボリュームが足りないから」と判断する。

②既存政策に対して、追加（上乗せ・拡充）していくことで、成果を導出しようとする思考である。

一般的に政策を提案するときは、「補完・改善型」か「上乗せ・拡充型」が選択されることになります。その理由は、既存政策を真っ向から否定することは、その政策を実施している担当者の面目を潰してしまう可能性があるからです。多くの担当者は、真摯に既存政策に取り組んでいます。そして、成果を上げよ

うと思っているはずです。誰しも「あなたの担当している政策は無意味だ」と指摘されることは好まないでしょう。

その状況の中で、「その政策は成果が上がっていないため、全く意味がない」と全否定することはなかなかできません（少なくとも筆者は、全面的に否定することはできません。）。そこで、政策提案する場合は、既存政策を参考としつつ、「補完・改善型」か「上乗せ・拡充型」という思考で進めることが多くなります。

筆者は既存政策を全面的に否定できないものの、「補完・改善型」か「上乗せ・拡充型」の思考や情報（他自治体の事例等）を伝えることにより、担当者に「気付き」を促すようにしています。その結果、担当者の自らの判断で、全面的に既存政策を変更した事例は多くあります。

(4) 廃止・新規型

既存の政策の廃止という選択肢もあります。廃止の場合は、大きく2つの方向性があります。第1に「廃止・新規型」です。字のごとく、既存政策の「廃止」を主張し、その後、廃止を提案した政策に代わる新しい政策を提案するパターンです（**図表7**）。

図表7　廃止・新規型

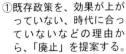

既存政策の廃止を提案するならば、「廃止すべき」と考えた理由を明確に示さなくてはいけません。定性的な見解だけではなく、定量的な見地からも「廃止すべき」と考える理由を示す必要があります。そうでなくては担当者を説得することはできないでしょう。なお、説得とは、「よく話して、相手を納得させること」という意味があります。しかし、一度感情論の領域に入ってしまうと、

なかなか納得してくれません。そのため感情論に入らないようにすることが大事です。感情論に入らせない一つの秘訣はスピードを求めるとよいと思います。つまり「廃止」を即断即決させることです。

(5) 廃止・終了型

次に「廃止・終了型」があります。既存政策の廃止を提案します。その後、特に新規の政策を提案しない場合です（**図表8**）。これは、既存政策が役割を終えていたり、時代の変化とともに自治体が担当する政策でなくなったり、様々な理由により新規に政策を提案しないパターンです。

図表8　廃止・終了型

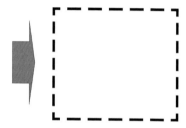

①既存政策を、効果が上がっていない、時代に合っていないなどの理由から、「廃止」を提案する。

②廃止を提案した後、新しい政策を提案することはない。

しばしば見られるのは、いきなり「廃止」という結論を提示できないため、既存の政策の「縮小」や「休止」といった様子見のスタンスを提案することがあります。筆者の経験になりますが、縮小や休止をしても何も改善されないことが多いです。縮小や休止は、問題の単なる先送りです。これは「決められない行政」の典型であり、良い点は一つもないと認識しています。もし、少しでも「縮小」や「休止」という思考が登場したのならば、思い切って「廃止」を選択したほうが賢明と思います。そして、既存の政策を廃止することにより、何かしら不都合が生じた場合は、廃止した政策を再度復活させればよいでしょう。

10　政策を廃止していく時代

最後に、これから政策に求められる視点を私見を交えて述べます。それは「こ

れからは政策を廃止していく時代」ということです。この廃止は、なかなか受け入れ難い現実です。その理由は、既存の政策を否定することは、その政策を実施している担当者の面目を潰してしまう可能性があるからです。担当者に対して面と向かって「その政策は必要ない」と言うことにためらいを感じる読者も多いでしょう（少なくとも筆者は、直接的に「その政策は意味がない」とは担当者に言えません。そのため遠回しに指摘することが多くなります。）。

　政策は一度開始されると、なかなか廃止されない傾向があります（これは行政の継続性の観点から捉えるといい点です。しかし、悪い点にもなり得ます。）。その結果、年ごとに政策が増加していきます。そして、政策が少しずつ増加していくことは、正しい結論を招かない可能性もあります。なぜならば、現在は行政資源（人・物・金など）が縮小していく時代に入っているからです。行政資源が毎年度のように減少していき、一方で政策が継続的に増加していくと「ギャップ」が生じてしまいます。そして、このギャップが極限を超えると、自治体運営が立ち行かなくなります[9]。

　簡単な例示をします。新しい政策提案や国等からの権限移譲、あるいは住民要望により、政策数が100から120に増加したとします（政策が20増加している。）。一方で、職員数（行政資源の中で「人」になる）が100から80に減少したとします（職員が20減少している。）。今後は職員数が増加していくことは考えられないでしょう。政策が120に増え、職員数が80に少なくなることは、単純に計算すると職員一人当たりの政策担当が1から1.5に拡大します。これは職員にとって負荷となります。

　多少の負荷ならば、勤務時間を拡大したり（例えば残業時間を増やす）、職員一人当たりの能力を高めたり（例えば職員研修を拡充）することで対応できます（さらに非正規職員の増加や政策の実施を自治体外に依頼することも考えら

（9　筆者は「政策公害」という概念を提唱しています（政策汚染といってもよいと思います。）。政策公害とは「自治体の政策づくりと政策実施によって、自治体職員や地域住民に、外部不経済をもたらす」と定義しています。現在は「多すぎる」政策が、公害化しています。ここでいう外部不経済とは、自治体職員の療養休暇の増加や自治体職員のモチベーションの低下、当初意図した政策効果が表れないなどが該当します。政策が多すぎるため、住民ニーズが的確につかめないということもできそうです。これからは意識的に政策を削減していくことが求められるでしょう。

れます。)。しかし、継続的に政策が増加していくと、いつかは限界がきます。そして、このような状況が続くと、最終的に職員は崩壊してしまうと思います（崩壊の一つがうつの増加と筆者は考えています。)。

　そこで、政策をつくるという前向きな提案ばかりではなく、既存の政策を廃止するという取組も重要になってくるでしょう。自治体の目的である「住民の福祉の増進」という観点から考えたとき、政策を「廃止」することが望ましいという結論も当然出てくると思われます。

　これからの自治体の一つの役割としては、新しい政策を提案するだけではなく、既存の政策を積極的に廃止していくことも求められるでしょう。

　次章では、今後の自治体職員が政策づくりを進めるに当たり、政策づくりの展望を筆者の私見を交えながら述べます。

第3章　政策づくりの展望　*33*

政策づくりの展望

　本章では、今後の自治体が政策づくりを進めるに当たり、筆者の考える展望を述べます。理論化されたものではなく、筆者の主観が入っています。筆者は20年以上、国や自治体を対象に政策づくりの後方支援をしてきました。それらの経験の中で得られた知見を記します。

　過去に筆者が著した文献や、講演や研修等で述べていることになります。「また言っているか」と思う読者もいるかもしれません。その点はご容赦願います。この「今後の展望」は読者に対する問題提起という意味もあります。

1　政策づくりの目的は何か

　自治体が政策を形成し、実施するのは、何のためでしょうか。この「何のため」という回答は多くありそうです。例えば、「地域を活性化するため」や「税収の拡大を実現するため」「定住人口を増加するため」「都市間競争に勝ち抜くため」などがあるでしょう。さらには、自治体職員レベルになると「自己実現のため」「はやく出世するため」なども出てくるでしょう。読者の脳裏に浮かんだ回答は、全て合っていると思います。立場や状況により、回答は異なってくるはずです。

　前記の「地域を活性化するため」や「税収の拡大を実現するため」などの先には、もっと大きな目的があると思います。すなわち「地域を活性化するため」や「税収の拡大を実現するため」は目標と捉えることができます。目標の先にある目的は何でしょうか。地域を活性化したり、税収が拡大したりすることで、どんないいことがあるのでしょうか。それが目的です。自治体の究極の目的は何でしょうか。

自治体の法的根拠は、地方自治法です。もちろん地方自治法の上位には日本国憲法があり、第8章が地方自治となっています。憲法第92条は「地方公共団体の組織及び運営に関する事項は、地方自治の本旨に基いて、法律でこれを定める」とあり、法律は地方自治法と解されています。

地方自治法第1条には「この法律は、地方自治の本旨に基いて、地方公共団体の区分並びに地方公共団体の組織及び運営に関する事項の大綱を定め、併せて国と地方公共団体との間の基本的関係を確立することにより、地方公共団体における民主的にして能率的な行政の確保を図るとともに、地方公共団体の健全な発達を保障することを目的とする」と記されています[10]。

同条文の中には、重要なキーワードがいくつかあります。しかし「自治体の目的は何？」に対する回答は見当たりません。第1条は「この法律は」が主語になっていることから、地方自治法の趣旨を明記した内容となっています。

「自治体の目的は何？」の回答は、筆者は地方自治法第1条の2にあると考えます。そこには「地方公共団体は、住民の福祉の増進を図ることを基本として、地域における行政を自主的かつ総合的に実施する役割を広く担うものとする」と明記されています。同条文に「住民の福祉の増進を図ることを基本」とあり、自治体の目指す方向を示しています。すなわち「自治体は住民の福祉の増進を図ることが目的である」と結論付けることができそうです。

2 ターニングポイントは地方分権一括法

地方自治法第1条の2の「地方公共団体は、住民の福祉の増進を図ることを基本として、地域における行政を自主的かつ総合的に実施する役割を広く担うものとする」は、1999（平成11）年の地方分権一括法により新たに追加された条文です。ちなみに地方分権一括法は通称であり、正式には「地方分権の推進

(10　この「地方自治の本旨」という言葉もとても重要です。この言葉の意味について、政府の公式見解は次のようになっています（1964（昭和39）年6月5日衆議院建設委員会での佐久間彊自治省行政局長答弁要旨）。それは「地方自治には二つの要素がある。住民自治と団体自治である。住民自治は、その地方の地方住民の意思と責任にもとづいて処理するという考え方であり、団体自治は、国から独立の法人格をもつ地方公共団体ができるだけ国の干渉を受けないで独立的に地方行政を行なう方法を意味する」です。

を図るための関係法律の整備等に関する法律」といいます。同法は1999（平成11）年7月に成立し、2000（平成12）年4月から施行されました。全部で475本の関連法案からなります。

地方分権一括法により、国と地方自治体の関係は上下・主従の関係から対等・協力の関係へ移行しました。地方自治法第1条の2の後半にある「地域における行政を自主的かつ総合的に実施する役割を広く担うものとする」も大切な条文です。特に「自主的かつ総合的に」が重要です。

住民に身近な行政はできる限り自治体が実施することを意味しています。地方分権一括法以前は、国のいうとおりに自治体が事業を実施していました。そのような時代は終わり、独自に地域運営を進めていくステージに入ったことを意味しています。

今日、少なくない自治体がドメインに「lg」を使っています（ＬＧＷＡＮが始まりましたから、ほぼ全ての自治体がlgを使っているはずです。）。この「lg」の意味を読者は理解しているでしょうか。それは「Local Government」の頭文字です。すなわち「地方政府」を意味しています。国の「中央政府」に対して地方の「地方政府」です。地方自治法にある「自主的かつ総合的に」は、独自の政策づくりを実施していくことを意味しています。それは地方政府の政策づくりと捉えることができます。

筆者のことを知っている読者は「牧瀬は、また同じことを言っているよ……」と思うかもしれません。しかし、大切なことは何度言ってもよいと思っています。「自治体（議会等も含む。）の目的は住民の福祉を増進させること」は基本中の基本です。この「住民の福祉の増進」は、しっかりと押さえて、日々の事業実施や政策づくりに取り組む必要があるでしょう。

3　目的と目標の違い

目的と目標の違いについて考えます。辞書には、目的は「実現しようとして目指す事柄」との意味があります。目標とは「行動を進めるに当たって、実現や達成を目指す水準」と定義されています。すなわち、目指す事柄という「目的」を達成するために、目指す水準や行動や工程を示したものが「目標」となります。目的と目標は次元が大きく異なることが理解できます。

日常生活に当てはめて考えます。目的とは、未来の自分がなりたい姿を示したキーワードです。そのため抽象的な表現となります。目標とは、自分が設定した目的（＝なりたい姿）を達成しようとするための具体的な行動指標です。行動指標という目標は数値で示すことができます。むしろ数字で示さなくては評価ができません。そのため数値化することは必須です。

目的は自分がなりたい理想像であるため、数値化することは難しいものです。例えば「健康を維持する」は目的です。そして、健康を維持していくために「1日1万歩歩く」は目標となります。

自治体の目的である「住民の福祉の増進」を数値化することは至難の業でしょう。特に「福祉」は主観によるところが大きく、なかなか数字として表現することはできません。そこで目標に落とし込んでいく必要があります。例えば、「地域を活性化するため」を目標とした場合は、「観光客を1万人増やす」とか「域内の製造品出荷額を3割増加する」などが考えられます。

あるいは「税収の拡大を実現するため」が目標となった場合は、「法人市民税を対前年比5割増」や「徴税率を90％から95％に拡大する」などが考えられます。

政策づくりの現場に行くと、しばしば目的と目標を同レベルで考えてしまうことがあります。それは間違っています。また、深く考えずに目的と目標を区別せず、使用しているケースも多くあります。この点も注意したほうがよいでしょう。

4 政策は「提案」か「提言」か

筆者が気にすることに「政策提案」と「政策提言」の違いがあります。この言葉も何気なく使うことが多いような気がします。例えば、自治体職員との意見交換の中でも「……について政策提案をしたい」と言ったと思ったら、次のフレーズでは「……に関する政策提言が目的である」と言ったりします。政策提案と政策提言が入り混じって使われることが多々あります。

実は、提案と提言の意味は、大きく異なっているというのが筆者の考えです。それぞれの意味を辞書で調べると、提案は「案を提出すること」とある。そして、提言は「考え・意見を出すこと」とあります。一見すると、提案と提言は

同じ意味のようです。しかし、ニュアンスが微妙に違っています。

例えば、自治体に営業に来たコンサルティング会社が提出する資料は「企画提案」と明記されています。決して「企画提言」とは書いていません。一方で、シンクタンクが国等に意見を答申する場合は「提言書」であり「提案書」はほとんど見ません。つまり、自分が関与する場合（関与したい場合）は「提案」となるようです。一方で、第三者的な立場にあり、直接的に関与しない場合は「提言」が使われるようです。

そのように考えると、自治体職員や議員が「何かしら関わりたい」と思うときは「提案」になるのでしょう。一方で、あくまでも第三者的な立場から言うときは「提言」になるのだと思います。どちらが良くて、どちらが悪いということを言いたいのではありません。スタンスや政策の中身により、使う言葉は異なってきます。ただし、私見を述べるならば、自治体職員も議員も、基本的には政策づくりの当事者になりますから、提言ではなく提案という意識を持ってほしいと思います。

余談になりますが、近年、議員発議の政策条例が増加しています。この場合は、議員「提案」政策条例が一般的な言葉であり、議員「提言」政策条例は聞きません。つまり、議員提案政策条例である限りは、議会（議員）も提案した政策条例に関与していかなくてはいけません。しかし、少なくない議員提案政策条例は「提案したら終了」という状況です。これでは議員提言政策条例です。個人的な見解になりますが、議員提言政策条例には魂が入っていないように感じます。魂の入っていない政策条例は、結果として実効性もないことを指摘しておきます。

5　ポスト地方創生

もう一つ筆者が気にしていることがあります。それは、流行中の「地方創生」です。国の「まち・ひと・しごと創生」（通称「地方創生」）は、自治体に「地方人口ビジョン」と「地方版総合戦略」の策定を求めました。地方人口ビジョンは2060年の目標人口を明記し、地方版総合戦略は自治体が独自に設定する2060年の目標人口を達成するための具体的な事業を書き込んだ行政計画です。

日本の将来人口推計は、2060年には約8,600万人まで減少します。一方で、国

が進める地方創生の目標は、2060年に約１億人の確保です。すなわち、将来人口推計よりも約1,400万人の増加を目指しています。そのために自治体は、地方創生の掛け声の下、様々な取組を実施しています。

人口を維持し増加させる手段は二つしかありません。それは自然増と社会増です。紙幅の都合上、詳細な議論は省略しますが、自然増による人口の維持や増加は難しいものがあります。そこで多くの自治体が社会増を採用しています。それぞれの自治体が社会増を目指すことは、自分たちの自治体に他の自治体から人口を奪い取ることを意味します。それは、ゼロ・サム（zero-sum）を意味します。

ゼロ・サムとは「合計するとゼロになる」ことです。一方の利益が他方の損失になります。勝ち組がいれば、負け組も出てきます。ところが、実はゼロ・サム状態にはなりません。実態はもっと酷くなります。それはマイナス・サム（minus-sum）です。なぜならば、日本の人口が減少しているからです。総和（全体）が縮小しつつあるのが現在です。このような状況は「マイナス・サム」に陥ります。マイナス・サムの意味は「合計してもマイナスになる」です。マイナス・サムの時代には、一部の勝者と大多数の敗者になっていきます（ここでの議論は外国人労働者の大幅な移入を考えていません。）。

地方創生は、人口獲得を目指した自治体間競争を生み出しています。しかし、これは限界に近付きつつあります[11]。

ポスト地方創生は、人口が減少していく中でも、元気な地域をいかに創っていくかが問われます。特に、本書の執筆者である中野市のような地方圏に位置する自治体は、ますますその思考が求められてきます。

改めて地方創生の意味を考えてみます。国が進める「地方創生」の４文字の定義は曖昧です。地方創生の解釈は多々あります。その中で筆者は次のように考えています。一般的に「地方」とは「地方自治体」（地方公共団体）を意味し

(11　なお、筆者は、競争そのものは否定する必要はないと考えています。競争があることにより、行政サービスの質的向上が促される側面があります。民間企業は激しい競争の中から、イノベーションが登場します。イノベーションは経済を発展させていく原動力となります。現在、競争に勝ち抜くため、多くの自治体が選択するのは行政サービスの量的拡大です。例えば「医療費は何歳まで無料」というのは、典型的な量的拡大です。この量的拡大に走る自治体の思考にこそ大きな問題があると、筆者は考えています。

ます。そして、創生の意味を辞書で調べると「作り出すこと。初めて生み出すこと。初めて作ること」とあります。

この観点から、地方創生とは「自治体が、従前と違う初めてのことを実施していく。あるいは、他自治体と違う初めてのことに取り組んでいく」と捉えることができます。すなわち政策にイノベーション（新機軸）を生み出すわけです。このことを認識している当事者は少ないような気がします。実状は地方創生ではなく、過去と同じことを実施する「地方踏襲」や、他自治体と類似の事業を展開する「地方模倣」が多かったように思われます。もちろん、そうなってしまった理由の一つは、国の制度設計にも問題があります。

国と喧嘩しろとは言いませんが、国の言いなりになる必要もないと思います。ポスト地方創生に求められる思考はイノベーションです。経済学者のシュンペーターはイノベーションを次の５パターンに分けています。それは、①新しい商品・サービスの創出、②新しい生産方法の開発、③新しい市場の開拓、④原材料の新しい供給源の獲得、⑤新しい組織の実現です。全てを満たすのではなく、それぞれがイノベーションになります。イノベーションというと重く感じますが「ちょっとした工夫」程度でよいと思います。

6　ストーリーのある政策づくり

筆者は「政策にストーリーが必要」とよく指摘します。筆者自身の自分事になると、主観が入ってしまうため、なかなかストーリーが描き切れず困ってしまうこともあります。しかし、自治体の政策づくりは、筆者は客観的に見ることができるため、常にストーリーを意識しています。

定住人口の増加とか企業誘致の実現など、何かしらの政策目標を設定し、その政策目標を確実に達成している自治体に共通しているのは、「政策（づくり）にストーリーがある」という事実です。

例えば、筆者が政策立案者と意見交換をすると、「今考えている政策がこうなって、こんな感じで発展して、そしてこういうメリットが出てきて、政策目標である定住人口に結び付く……。とてもおもしろいでしょう！」という発言を何度となく聞きます。ストーリーとは願望と換言できます。強い願望が（強いストーリーが）政策実現に向けた力を強くしていきます。

また、成功した政策の経緯を聞くと「こんな観点からスタートしたけど、それがここに結び付き、こんな関係性も生まれて、そして今日の政策に結び付いた！」と、うれしそうに話す自治体職員が多くいます。このように政策づくりにストーリーを意識することが大事と思います。

　本来、政策は夢や希望が内包しているものです。ところが近年の自治体の現場に行くと、政策に夢や希望が感じられません。目の前にある事業を単にこなすだけの職員が多く、夢や希望を語る時間がありません。そのような状況だからこそ、改めて政策の持つ意味を再確認する必要があると思います。夢や希望の結晶としての政策に価値を見出すことが求められています。そして、政策に夢や希望を持たせるためにストーリーは必須です。

　20年くらい前になりますが、筆者が所属していた自治体の現場には、まだ夢や希望を語る職員が多かったような気がします（政策にストーリーがありました。）。少なくとも企画部門に所属する自治体職員は夢や希望を語っていました（筆者が所属していた自治体だけかもしれませんが……。なお、筆者が所属していた自治体は、当時は「先進自治体」といわれていました。そして、多くの自治体から視察も来ていました。）。

　しかし、昨今は夢や希望を語る自治体職員が少なくなってきているように感じますし、企画部門においても見られません。このような状況では政策に「力」は生じません。

　地方創生の取組は、本来は、自分たちの自治体の未来を創造する取組です。そのためには、イノベーションを起こしていく必要があります。地方創生は、夢や希望を語る機会でもあります。そして、未来に向けてストーリーを組み立てていくチャンスでもありました。

　しかし、自治体の多くは「国から押し付けられた地方創生」と捉えており、そこには夢や希望はありません。夢や希望を集めた「地方人口ビジョン」と「地方版総合戦略」を民間のコンサルティング会社やシンクタンクに丸投げしている状況も多々あります。自分たちの夢や希望を第三者がつくるわけです。この悪しき傾向は「ルーティンワーク化された地方創生」しか生み出しません。そして、そのような地方創生は、無味乾燥な内容となり、誰も見向きもしないモノとなっています。誰も見てくれなければ、当然、その地方創生に実効性はな

いでしょう。

　これから多くの自治体が「地方版総合戦略」を改訂する時期に入ります。筆者は、原則的に自前で改訂作業を進めることがよいと思います。そして、改訂する地方版総合戦略に未来に向けた夢や希望を書き込み、ストーリーを持って政策を構築していけば、新しい自治体へと生まれ変わると思います。

第Ⅱ部

「緑豊かなふるさと　文化が香る元気なまち」の実現に向けて

◆**第 1 章**◆

中野市政策研究所の意義

1 設立に至る経緯

　池田市長は 2 期目の公約として「新たな時代を拓く組織力強化」を掲げ、2016（平成28）年11月の当選後、その具体策として自治体シンクタンクの設置を指示した。

　指示を受けた政策情報課では、全国や県内の先進事例等を参考に12月までに組織及び予算の原案を作成し、実施計画に計上した。

　その後、詳細を検討するため、セミナーへの参加や、学識者のアドバイスを受けるなど情報収集を進めるとともに、活動するに当たり直面する課題等について実情をお聞きするため、県内先進自治体へのヒアリングを行った。

　ヒアリングにおいて明らかになった課題は、主に以下のとおりである。

・組織の位置付け（設置根拠）

・職員の人事上の扱い（選定方法、兼務発令）

・外部（市民）研究員制度を取り入れるか

・研究成果の取扱い

　これらを踏まえ、人事、例規担当等との庁内調整を進め、「中野市政策研究所設置規程」を定めた。

　設置根拠については、条例設置も含め様々な可能性を検討したが、迅速な設置を優先し、中野市組織規則第11条に規定する「特別な組織」として設置することとした。職員の人事上の扱いは、庁内公募により選定の上、研究員の辞令を発令、本来業務と兼務とすることなどを盛り込んだ。人事発令をすることにより、研究業務について、本務のほかに従事することの位置付けを明確化させ

るとともに、人事評価の対象とすることとした。

　組織については、所長に副市長を、副所長に総務部長を充て、研究所の所掌事務に関し指導及び助言を得るため政策アドバイザーを置くこととした。研究員の体制は、人員の制約もあり専任研究員を置くのではなく、テーマごとに研究員によるプロジェクトチームを編成、アドバイザーの指導の下、調査研究を行うこととした。さらに、各チームに政策情報課職員が研究員として入ることで、事務局業務に携わりつつスキルアップにもつなげていく体制とした（**図表1-1**）。

　また、外部研究員制度や、研究成果の取扱いについては、まずは立ち上げることを重視するとの考えから、運用しながら改善を図るものとした。

図表1-1　組織体制イメージ図

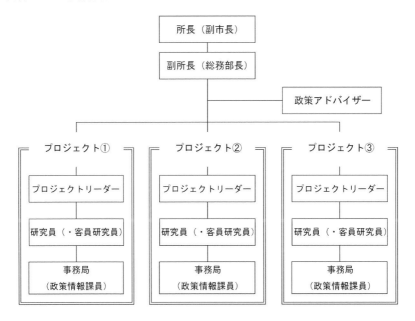

　2017（平成29）年3月上旬、研究所の設置及び方針について幹部会議において市長から全部長に指示・説明し、全庁への周知を図るため同月下旬に全職員向けの説明会を開催した。

　説明会では、研究所の概要を事務局から説明し、自治体シンクタンクの意義について、設立に向けアドバイスを受けた民間シンクタンク出身の大学准教授

による講演をいただくとともに、市長による方針説明を行った。併せて、職員が応募しやすい環境を整えるため、管理職に対しては研究員の業務に配慮し、業務配分と体制整備を図るよう依頼した。

2　設立1年目（2017（平成29）年度）の活動

　2017（平成29）年4月1日付で規程施行により中野市政策研究所が設置された。研究員には社会人経験のある新規採用職員2人を含む8人の応募があり、応募者全員を5月11日付で任命した。その後、追加で1人を任命し、2017（平成29）年度は9人の研究員が活動することとなった。

　研究活動には毎週木曜日の午後に業務として従事することとし、6月末までは研究員としてのスキルアップを図る期間として、アドバイザーの協力を得て講師を招くなど事務局が設定したプログラムにより講義を受けたほか、県外の自治体シンクタンクの視察を行った。

　7月からは研究テーマの設定に向けたディスカッションを集中的に行い、8月末に3つのテーマを企画書にまとめてプロジェクトチームを編成、市長にプレゼンテーションし、研究活動をスタートさせた。

　チーム編成後は、各チームの自主的な活動がメインとなり、外部ヒアリング、インタビュー調査、ワークショップの開催、アンケート調査の実施など定例活動日以外にも個別に集まって活動した。このため、活動状況について総合調整会議（部長クラスの定例会議）で事務局から随時報告し、研究員の業務への配慮を図るよう周知に努めた。

　各チームの進捗管理とアドバイザーによる指導を受けるため、毎月一回程度は全体会を持ち、11月には理事者に中間報告を行い、研究の方向などについて確認を受けた。

　なお、中間報告の時点で、シティプロモーションについては担当課において事業化を前提に検討を進め、実施計画に計上することとされた（第3章で詳述）。

　また、11月に開催された自治体シンクタンク研究交流会議に初めて参加し、シンクタンクの意義についての意見交換や各団体が抱える課題や悩みなどを共有するとともに、参加者と交流することができた。さらに、会議の講師として出席された、本書の共著者である関東学院大学法学部の牧瀬稔准教授とのご縁

を得るきっかけともなった。

2018（平成30）年３月、研究成果を発表する「調査研究報告会」を市役所で開催した。当日は一般市民や理事者、市議会議員、近隣市町村の職員などおよそ50人が参加し、各チームがプレゼンテーションを行った（**写真１−１**）。

参加された市民の方からは、研究内容に関する感想や意見などをいただくことができ、一年間の活動の集大成となった。

１年目の調査報告書については、発表会の成果なども踏まえて、おおむね４月中に取りまとめて、公式ホームページで公開した（再編集したものを第２章第１節に掲載）。

写真１−１　調査研究報告会

3　設立２年目（2018（平成30）年度）の活動

２年目は３月中に研究員を公募し、応募のあった８人の職員を任命した。そのうち、2017（平成29）年度からの継続者は４人で、その後、県から研修派遣されている職員１人を加え、昨年度と同じ９人体制で研究活動を開始した。

また、2018（平成30）年度から、牧瀬先生に政策アドバイザーとして就任していただいた。

先生の提案により本書の執筆が計画されていたことから、５月にはテーマを設定し研究に着手している（執筆時点までの状況を第２章第２節に掲載）。

4　課題と今後の展望

これまでの活動は、プロジェクトチームによる共同研究方式で取り組んできているが、更に研究を深めるための専任研究員の配置やより幅広い職員の参加による自主研修、市民研究員の参画、外部機関との連携といった新たな展開についても検討しなければならないと考えている。

また、研究に関係する課等には個別に協力依頼をして業務上の連携を図っているが、庁内向けには活動状況を知らせる「研究所通信」を庁内グループウェア上で発行しているのみであり、情報発信の充実を図る必要がある。

外部への活動の周知については、設立前にも地元紙で報道されたほか、全国ニュース配信サイトにおいても掲載され、市議会においても複数の議員が一般質問で取り上げるなど一定の認知がなされている。

　一方で、市からの発信は市公式ホームページやフェイスブックでの活動報告にとどまっており、今後の課題である。

　このように課題は多々あるものの、まだ走り始めたばかりである。「市政に関する総合的な調査研究を行うとともに、職員の人材育成を図る」という研究所の設立趣旨を実現するため、これからも走りながら考えるというスタンスで取り組み、いつの日か、文字どおり「市役所は地域のシンクタンクである」といえる存在を目指していきたい。

図表１－２　認知度向上を図るため研究報告書等に使用するロゴを作成

資料　市長の思い（出典：広報なかの平成２９年６月号）

第2章 中野市政策研究所の取組

中野市ってどんなまち

(1) 農業のまち信州なかの

　中野市は長野県の北東部に位置する人口4万3千人の都市である。

　2005（平成17）年4月に旧中野市と旧豊田村の1市1村が合併し、現在の中野市が誕生した。

　市の中央を流れる千曲川と市のシンボルである高社山の麓に広がる扇状地に市街地と田園風景が広がる農業都市である（**写真2－1、2－2**）。

写真2－1　千曲川沿いの桜並木を走る JR飯山線

写真2－2　中野市のシンボル高社山と麓に広がる田園風景

　気候は夏冬及び昼夜の気温差が大きく、日本海側に近い内陸気候で降雨量が少なく、りんごや桃、ぶどうなどの果樹の栽培に適しており、その品質は高い評価を得ている（**写真2－3、2－4**）。また、えのき茸をはじめとするぶなしめじやエリンギなどの菌茸の生産も盛んで、特にえのき茸は日本一の生産量を誇っている（**写真2－5**）。

写真2-3 中野市で誕生したりんご「秋映（あきばえ）」

写真2-4 種がなく丸ごと食べられ甘く大人気のシャインマスカット

写真2-5 日本一の生産量を誇るえのき茸、ぶなしめじなどのきのこ類

写真2-6 バラが咲き誇る一本木公園

(2) バラのまち信州なかの

　市内には通称「バラ公園」と呼ばれる一本木公園があり、初夏の園内には850種3,000株のバラが咲き誇り、春と秋には「なかのバラまつり」が開催され、期間中は多くの方が訪れ、市内はバラ一色に包まれる（**写真2-6**）。

　中野市は、志賀高原や野沢温泉などのスキーリゾート地や葛飾北斎とゆかりの深い栗のまち小布施町などの観光地に囲まれている。

　また、2015（平成27）年3月に北陸新幹線が金沢まで延伸し、金沢までは最寄りの飯山駅から1時間ほどで結ばれ、北陸・関西圏の時間距離は一気に縮まった。

(3) 音楽のまち信州なかの

　中野市は偉大な音楽家を輩出した音楽のまちでもある。

　「日本のフォスター」と言われ「シャボン玉」「証城子の狸囃子」など多くの

童謡や「カチューシャの唄」などの流行歌を作曲した中山晋平や唱歌「故郷」を作詞した国文学者である高野辰之を輩出した。

　また、アニメ映画「風の谷のナウシカ」以降の宮崎駿監督の全作品の音楽を担当している久石譲氏も中野市の出身である。

　偉大な音楽家を輩出した中野市を音楽で盛り上げようと、市民有志が企画した「信州なかの音楽祭」が2016（平成28）年から開催されている。

　音楽祭の期間中は市内のいたるところで音楽イベントが開催されている。

(4) 人口ビジョンと総合戦略

　中野市の人口は、2000（平成12）年の47,845人をピークに減少に転じ、2015年国勢調査での中野市の人口43,909人のうち、0～14歳の年少人口は5,770人（13.2％）、15～64歳の生産年齢人口は25,155人（57.4％）、65歳以上の老年人口は12,910人（29.5％）となっており、人口減少、高齢化が進んでいる。

　また、国立社会保障・人口問題研究所の2040年の将来推計（2013（平成25）年3月推計）では、中野市の人口は35,000人程度まで減少し、このうち生産年齢人口は18,000人程度で人口に占める割合は51.6％に低下する一方、高齢化率は37.6％に上昇すると推計されている（**図表２−１**）。

図表２−１　年齢３区分別人口構成の推移

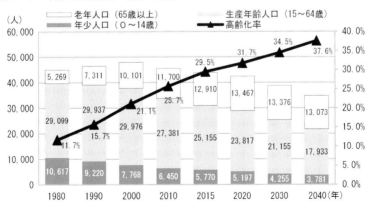

出典：国勢調査、国立社会保障・人口問題研究所「日本の地域別将来推計人口」

中野市では、人口ビジョンを作成し、2040年の目標人口を37,500人と掲げ、この目標を実現するため2015（平成27）年12月「中野市まち・ひと・しごと創生総合戦略」を策定した。

総合戦略では、「住みやすさで選ばれるまち」を目指し4つの基本目標を掲げた。

その基本目標は、

1．子育て・子育ち安心戦略（自然減の抑制）
2．「故郷」のふるさとに住まう人口定着戦略（社会増への転換）
3．雇用創出と「信州なかの」ブランドをいかした産業振興戦略（労働と基幹産業の安定）
4．確かな暮らし実現戦略（安心安全・健康長寿のまちづくり）

であり、目標達成のため各種施策に取り組んでいる。

(5)　住みやすさランキング県内トップの43位に

東洋経済出版社が独自にまとめた「住みよさランキング2017」で中野市は全国814市区の43位にランクインし、県内の都市ではトップになった。ランキングの算出には、15の統計資料を用いて全国都市の都市力を表したもので、「安心度」、「利便度」、「快適度」、「富裕度」、「住居水準充実度」の5つのカテゴリーに分類され、各カテゴリーの部門評価と総合評価が算出されている。

中野市が目指す将来都市像「緑豊かなふるさと文化が香る元気なまち」の実現に向けて、引き続き総合戦略に掲げる重点事業を着実に取り組んでいる。

第1節　平成29年度研究

1　中野市の効果的なシティプロモーションに関する調査研究

調査研究の背景と目的

　我が国を取り巻く急速な少子高齢化や、東京への一極集中による地方における人口減少は、大きな社会問題となっている。地方における人口減少については、中野市にもその波は押し寄せてきており、2000（平成12）年をピークに減少を続けている。このような状況の中、地方分権が進むにつれ、「選ばれるまち」を目指して都市間競争が激化してきている。他の自治体においては、シティプロモーションを積極的に推進する動向が見られ、度々自治体が制作したプロモーション動画等が話題になり、マスコミに取り上げられるなど、様々な取組が見られるようになってきた。中野市においても、そのような中で生き残っていくために、市外の人には良いイメージで認知してもらい、市民には愛着を強め、誇りを高めてもらうことが必要になっている。

　中野市では、まちづくりにおける最上位の計画である「第2次中野市総合計画」の中で重点プロジェクトと位置付けた「中野市まち・ひと・しごと創生総合戦略」において、「住みよさで選ばれるまち」を目指して事業を展開するとしており、政策4本柱の一つ『故郷』のふるさとに住まう人口定着戦略」では、東京圏からのUターン等を促進する必要があるとして、「地域ブランド調査 認知度全国ランキング」を重要業績評価指標（ＫＰＩ）として掲げ、そのランクアップが目標として設定されている（認知度全国ランキング842位（2014（平成26）年）→500位（2019（平成31）年））。また、「子育て・子育ち安心戦略」では、人口の自然減抑制のため、「ふるさとへの愛着と豊かな社会性を身につける教育の推進」が施策として掲げられている。

以上のように、市内外の人に「選ばれるまち」を目指すためには、最初のステップとして、市外の人に中野市を知っていただき認知度をアップさせ、人を呼び込めるようなシティプロモーションが求められる。また次のステップとして、シティプロモーションによる認知度アップが一過性のものとならないよう、市民一人ひとりが中野市の良さを再認識し、市に対する誇りや愛着を持つことで、市外に中野市の情報を発信する「広報パーソン」となり、持続的なシティプロモーションを実行できる環境づくりを目指す施策展開も必要になると考えられる。

本研究は、短期的視点では、市内外の人に対してより効果的なプロモーション方法等を研究し、中・長期的視点では、市に対する誇りや愛着を醸成することの重要性及び持続的なシティプロモーションを実行できる推進体制の構築を研究の目的とする。

第1 中野市のシティプロモーションに関する現状課題の整理

1 各種ランキングから見る中野市の対外的な評価

中野市のシティプロモーションを考えていく上で、中野市の認知度がどの程度の立ち位置にいるか、対外的にどう評価されているかを把握し、その中から課題を分析・整理しておく必要がある。中野市の対外的な評価については、「中野市まち・ひと・しごと創生総合戦略」のKPIとして用いられているブランド総合研究所発表の「地域ブランド調査」及び東洋経済新報社発表の「都市データパック 住みよさランキング」を用い、その順位から課題を分析・整理した。

(1) 地域ブランド調査

「地域ブランド調査」は、ブランド総合研究所が実施している調査で、1,047の地域（1,000市区町村及び47都道府県）を調査対象とし、全国3万人が各地域のブランド力を評価する日本最大規模の消費者調査である。2006（平成18）年に調査を開始し、毎年実施され2017（平成29）年で12回目の実施となる。

調査ではそれぞれの地域に対して魅力度、認知度、情報接触度、各地域のイ

メージ（「歴史・文化のまち」など14項目）、情報接触経路（「旅番組」など16項目）、情報接触コンテンツ（「ご当地キャラクター」などコンテンツ10項目）、観光意欲度、居住意欲度、産品の購入意欲度、地域資源の評価（「街並み」や「魅力的な建造物がある」など16項目）などを質問。調査項目は全104項目に及び、各地域の現状を多角的に分析できるものとなっている。

　調査方法はインターネット調査であり、2017（平成29）年の調査では、20〜70歳代の消費者30,745人から回答を得ている。中野市について回答している人数は579人であった。

　まず「中野市まち・ひと・しごと創生総合戦略」において、政策4本柱の一つ『故郷』のふるさとに住まう人口定着戦略」でKPIとして掲げている認知度を見てみると、2012（平成24）年の1,000市区町村中839位以降、この5年間では800位前半でほぼ横ばい（最高位802位（2013（平成25）年）、最下位842位（2014（平成26）年））となっており、全国的に見て認知度は下位に位置している。また、その他の項目を見ても、2017（平成29）年時点で魅力度は787位、情報接触度は881位、居住意欲度は803位、観光意欲度は621位と、軒並み600位以下と低調な順位である。その中で、産品購入意欲度のみが2015、2016（平成27、28）年に300位台と比較的上位に位置していたが、2017（平成29）年には679位となり他の項目同様、低調な順位となった（**図表2−2**）。

図表2−2　地域ブランド調査　　中野市の全国順位の推移（1,000市区町村中）（位）

調査年	認知度	魅力度	情報接触度	居住意欲度	観光意欲度	産品購入意欲度	食品	食品以外
2012	839	655	894	775	565		−	−
2013	802	712	892	847	588		−	−
2014	842	706	849	440	685		−	−
2015	804	777	828	866	680	383	413	355
2016	807	652	796	603	639	398	544	713
2017	828	787	881	803	621	679	476	801

　長野県内での順位を見ると、認知度は2013（平成25）年の32市町村中25位から大きな変動がなく推移し、2017（平成29）年時点で24位と、県内でも下位を争う形となっている。他の項目を見ても23〜26位であり、総じて低い順位であった（**図表2−3**）。

56

図表２－３　地域ブランド調査　　中野市の県内順位の推移（32市町村中） （位）

調査年	認知度	魅力度	情報接触度	居住意欲度	観光意欲度	産品購入意欲度	食品	食品以外
2012								
2013	25	25	27	28	25			
2014	25	26	22	23				
2015	25	27	24	31	23	18	14	12
2016	24	25	24	24	23	18	24	26
2017	24	26	25	26	23	26	18	27

　また、2015（平成27）年時点でのデータを用いて、近隣９市町村との順位の比較を行った。認知度を見ると、10市町村中においても中野市は８位と下位に位置しており、近隣市町村と比べても認知度が低いという結果であった。その他の項目についても、７～９位であり総じて下位に位置している。産品購入意欲度については５位となっているが、2017（平成29）年時点で全国順位が679位と下がっていることから、現時点では他の項目と同様、下位に位置していると考えられる（**図表２－４**）。

図表２－４　地域ブランド調査（2015年）　　中野市と近隣市町村との比較 （位）

	市町村名	認知度		魅力度		情報接触度		居住意欲度		観光意欲度		産品購入意欲度	
	中野市	⑧	804	⑨	777	⑦	828	⑨	866	⑦	680	⑤	383
近隣市町村	長野市	①	84	①	63	①	122	①	134	①	96	①	160
	野沢温泉村	②	390	②	143	②	403	③	308	②	139	③	191
	千曲市	⑤	587	③	344	③	566	②	263	③	225	⑥	403
	信濃町	③	458	④	365	④	592	⑥	472	④	321	②	188
	飯山市	④	580	⑤	391	⑤	640	③	308	⑤	447	⑦	499
	小布施町	⑦	754	⑥	497	⑥	681	⑧	792	⑥	539	④	288
	須坂市	⑥	754	⑦	594	⑧	854	⑩	923	⑧	790	⑨	737
	山ノ内町	⑩	982	⑧	667	⑨	953	⑦	692	⑩	861	⑧	610
	飯綱町	⑨	898	⑩	811	⑩	963	⑤	360	⑨	828	⑩	942

※①～⑩は、近隣市町村内での順位

(2)　住みよさランキング

　「住みよさランキング」は、東洋経済新報社が公表しているランキングであり、公的統計を基に、それぞれの市が持つ“都市力”を、「安心度」「利便度」「快適度」「富裕度」「住居水準充実度」の５つのカテゴリーに分類し、ランク付けしたものである。ランキングの算出には15の統計指標を用いている。指標

ごとに、平均値を50とする偏差値を算出、それらの平均値から上記5カテゴリーの部門評価及び総合評価を算出している。

2017（平成29）年は、対象を814都市（全国791市及び東京23区）としている。

同年の住みよさランキングでは、中野市の順位は43位と、全国的に見ても上位に位置する結果となった。項目別順位で見ると、安心度が80位、利便度が54位、住居水準充実度145位と高い順位となっている。一方、快適度、富裕度については中位より少し下の順位となっている（**図表2－5**）。

県内19市でみると、19市全てが中位より上に位置している中で、中野市の順位は1位である。項目別では快適度が18位、富裕度が17位と低い順位であったが、安心度が2位、利便度が1位、住居水準充実度が5位と上位を占めた。

図表2－5　住みよさランキング2017　全国順位（814市中）及び県内18市との比較

	市町村名	総合評価偏差値	全国順位	前年順位	各項目全国順位									
					安心度		利便度		快適度		富裕度		住居水準充実度	
	中野市	54.22	①	43	72	②	80	①	54	⑱	479	⑰	521	⑤	145
県内19市	長野市	51.21	⑯	256		⑱	396	⑫	361	⑧	248	③	276	⑰	480
	松本市	51.32	⑮	244		⑭	336	⑦	246	③	204	②	264	⑲	603
	上田市	52.63	⑤	122		⑩	295	②	114	⑦	247	⑧	412	⑮	369
	岡谷市	51.20	⑰	259		⑬	333	⑮	369	⑰	473	⑩	365	⑩	257
	飯田市	52.21	⑧	153		⑤	118	⑩	287	⑮	408	⑪	481	⑪	226
	諏訪市	52.45	⑥	136		③	83	⑨	351	⑬	315	①	261	⑱	510
	須坂市	51.16	⑱	261		⑰	379	⑫	361	⑪	297	⑫	513	⑧	206
	小諸市	50.02	⑲	406		⑮	348	⑱	469	⑩	295	⑯	516	⑭	319
	伊那市	52.00	⑩	174		④	101	⑯	393	⑯	420	⑬	494	⑦	202
	駒ケ根市	54.14	②	45		①	65	④	117	⑨	278	⑩	406	⑩	276
	大町市	51.44	⑭	230		⑲	493	⑰	420	⑤	234	⑱	523	②	111
	飯山市	51.83	⑪	190		⑫	304	⑨	280	⑲	572	⑲	711	①	24
	茅野市	51.63	⑬	209		⑪	300	⑲	480	④	213	⑤	352	⑬	299
	塩尻市	52.44	⑦	137		⑥	142	⑦	246	⑥	236	④	340	⑯	466
	佐久市	52.12	⑨	162		⑨	269	⑥	236	⑫	170	⑨	484	⑩	284
	千曲市	51.72	⑫	203		⑯	359	⑫	361	⑫	300	⑭	503	⑥	151
	東御市	53.72	④	58		⑦	223	②	114	⑭	332	⑰	482	⑩	134
	安曇野市	53.76	③	57		⑧	230	⑤	190	①	160	⑨	475	④	136

※①～⑲は、県内19市中での順位

(3)　各種ランキングから見る中野市の対外的な評価のまとめ

　「地域ブランド調査」を見ると、全国順位では全ての評価項目において600位以下（2017（平成29）年時点）であり、ブランド力という点では非常に低い評価となっている。この評価は長野県内市町村との比較や、近隣市町村との比較でも同様であり、長野県、北信地域という地域的な問題ではなく、中野市自体のブランド力が低いという結果である。

　以前からこのような状況であるため、「中野市まち・ひと・しごと創生総合戦略」において、政策４本柱の一つ「『故郷』のふるさとに住まう人口定着戦略」では、地域ブランド調査の認知度（全国順位）をＫＰＩとして設定しており、2014（平成26）年の842位から2019（平成31）年には500位になるよう目標を掲げ、様々な施策を行っている。しかしながら、目標設定後も800位代前半で推移し、2017（平成29）年時点で828位と浮上の傾向が見られず、2019（平成31）年に500位到達を達成するのは難しい状況である。

　その一方で、「住みよさランキング2017」では、全国順位で43位、県内順位１位と非常に高い評価となった。公的統計を基にしたランキングであるので、実際の住民の評価ではないが、中野市のポテンシャルの高さを示す一つの指標である。ほかにも、ぶどうやりんごといった果物や、えのき茸等のきのこ類の一大生産地であることなど、全国的にも誇れる素材が存在しており、対外的な評価を高められるポテンシャルはあると考えられる。

　認知度（知名度）をアップすることが、必ずしもシティプロモーションの目的とイコールということではないが、一つの重要な指標であり、市に対する誇りや愛着の醸成につながってくる。今後も認知度アップにつながるような、中野市のポテンシャルを生かしたシティプロモーションが必要になってくると思われる。

第２　シティプロモーションの方向性

1　外部有識者の見解

牧瀬　稔　氏（関東学院大学　法学部　地域創生学科　准教授）

　着実に成果を生み出し、「地域価値」を高めていくためのシティプロモーショ

ンのポイントについて学ぶため、「シビックプライドとシティプロモーション」をテーマにしたセミナーに参加した。そのセミナーにおいて、全国の各自治体で政策研究所政策形成アドバイザーやシティプロモーション戦略策定アドバイザーなどを務める牧瀬稔氏の講演「成果を生み出すシティプロモーション」を聴講した。

① シティプロモーションにより目指すべき目標

シティプロモーションの意味は多様であるが、目指すべき方向は以下の９点に絞られる。認知度拡大（自治体名向上）、情報交流人口増大（Web）、交流人口増大（観光客）、定住人口獲得、シビックプライド醸成（誇り・愛着）、スタッフプライド育成（職員）、協働人口拡大（ファン）、企業誘致進展、地域活性化である。あれもこれもではなく、規模が小さい自治体ほど、いずれかに特化しなければ結果は出ない。

② ＡＩＤＭＡの法則

消費者が、ある商品を知って購入に至るまでに次のような段階があるとされる。Attention（認知）、Interest（関心）、Desire（欲求）、Memory（記憶）、Action（購買行動）の５つである。この中で、最初のきっかけであるAttention（認知）を大きくすることが、Action（購買行動）にもつながっていく（**図表２－６**）。

図表２－６　ＡＩＤＭＡの法則

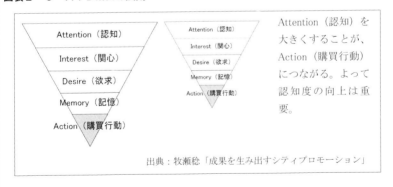

出典：牧瀬稔「成果を生み出すシティプロモーション」

③ ターゲットを絞る
- 民間とは異なり、行政は全てがターゲット。切り捨てるわけにはいかない。ただ、「メインターゲット」を絞らなければ競争の時代の中で効果は出てこない。
- 「子育て世帯」というだけではターゲットは絞れていない。年代や家族構成、年収まで絞り込んだ上でのプロモーションでなければ、効果は出てこない。

④ 地方自治体の目的

地方自治体の目的は、「住民の福祉の増進」である。住民全体の幸福感を増や

すことができるプロモーションが一番良い。

⑤　政策のブランド化

　他の自治体が取り組んでいない「初めて」の施策や、「一番」になれる取組を狙って行うことで、マスコミに取り上げられる機会が増え、政策がブランド化されていく。政策のブランド化がシティプロモーションにつながっていく。

　このセミナーからは、シティプロモーションにより目指すべき目標の整理と、成果を出すために目標を絞り込むことの重要性が分かる。また、施策のターゲットを絞ることが難しい行政であっても、「メインターゲット」を設定し、より狭くピンポイントのターゲティングを行わないと成果は出にくいと牧瀬氏は指摘している。中野市は何のためにシティプロモーションを行うのか、また、どこにメインターゲットを設定するのかを十分に認識し、議論・協議を行った上で、共通言語化することが、効果的なシティプロモーションを行う上での第一歩であると考える。

第3　効果的なプロモーション方法と効果検証

1　情報入手手段の調査及び情報発信手段ごとの費用対効果の検証

　効果的なシティプロモーションを推進していくためには、情報を受け取る側が求めている情報発信手段を把握する必要がある。このことから、市内外で行われたイベントで、年代別に受け手側の情報入手手段等をアンケート調査した。また、イベントのプロモーションに要した費用から、それぞれの情報発信手段の費用対効果を算出し、どの情報発信手段が効率的であったかの評価を行った。

(1)　情報入手手段の調査

①　「信州なかのフェア in 横浜（2017年）」

　「信州なかのフェア in 横浜」は、中野市の魅力ある農畜産物や加工品、歴史、文化、風土を紹介するため、横浜市の横浜産貿ホールで開催されたイベントである。イベント会場で行ったアンケート調査（2017（平成29）年10月4日実施）の結果は以下のとおりである。

「イベントに来たきっかけ」の年代別回答結果によると、51歳以上の年代においては、「新聞（読売新聞＋神奈川新聞）」がきっかけという回答が最も多かった（「通りがかり」、「その他」の回答を除く。）。２番目は「郵便局チラシ（郵便局によるチラシの配布）」となっており、この年代は紙媒体による情報入手がきっかけになっているという結果となった。41～50歳については、紙媒体（新聞＋郵便局チラシ）の割合が多いことは変わらないが、公式ホームページやＳＮＳといったインターネット媒体が割合を増やしている。40歳未満についてはサンプル数が少ないため解析不能であった。

「よく利用するメディア及びＳＮＳ」の年代別回答結果を見ると、31歳以上の年代は「テレビ」という回答が最も多くなっている。年代が上がって51歳以上になると、「ラジオ」、「新聞」という回答が増加し、いわゆる「マスコミ４媒体（新聞、雑誌、ラジオ、テレビ）」が多くを占めるようになる。年代が上がるほどマスコミ４媒体の比率が高くなるという傾向も見られた。

一方、インターネット媒体（インターネット、ホームページ、動画サイト、ＳＮＳ）は年代が下がるほど回答数が増え、51～60歳では４割（41.7％）、41～50歳では５割（51.9％）、31～40歳では６割（60.3％）を占め、サンプル数は少ないが30歳未満ではインターネット媒体がメインの利用媒体という結果となった。また、年代が下がるほどインターネット媒体の中でもＳＮＳの割合が高くなる傾向も見られた。

②　「信州中野おごっそフェア（2017年）」

「信州中野おごっそフェア」は、中野市の野菜・果物をはじめとした「食」をテーマに、信州中野の魅力を発信するイベントで、中野市の多目的防災広場で開催された。イベント会場で行ったアンケート調査（2017（平成29）年10月14、15日実施）の結果は以下のとおりである。

「イベントに来たきっかけ」の回答結果を見ると、年代別での傾向はほとんど見られなかった。きっかけ別では、全世代合計で「新聞」、「ポスター」、「広報なかの」の紙媒体３媒体がほぼ同じ割合（新聞19.9％、ポスター19.3％、広報なかの17.6％）で高い値となり、テレビは10.7％であった。一方、インターネット媒体（公式ホームページ、インターネット、ＳＮＳ、動画サイト）がきっかけとなったのはごく少数であった。

「よく利用するメディア及びＳＮＳ」の回答結果は、60歳代以上を除いて、全ての年代で「テレビ」が最も多い回答となった。しかしながら、年代が上がるにつれ「新聞」の割合が増加し、60歳代以上では「テレビ」を逆転して１位となっている。インターネット媒体については、20歳代が最も割合が高く（44.8％）、他の年代は10歳代（18.4％）、30歳代（37.4％）、40歳代（23.8％）、50歳代（21.1％）、60歳代以上は10.0％であった。

(2)　プロモーションの費用対効果の検証

①　「信州なかのフェア in 横浜」

「信州なかのフェア in 横浜」のプロモーションを行った際に使用した情報発信媒体ごとに、「来場者１人当たりに要した周知費用」を算出し、費用対効果を検証した。

算出方法は、アンケート結果から「来場者のきっかけ別割合」を算出し、来場者数（全体）にその割合を乗じて「きっかけ別来場者数（想定）」を計算した後、「周知に要した費用」を「きっかけ別来場者数（想定）」で除して「来場者１人当たりに要した周知費用」を算出している。計算の結果は以下のとおりであった。

周知に費用を要した情報発信媒体は、「郵便局チラシ（郵便局によるチラシ配布）」、「読売新聞」、「神奈川新聞」、「ラジオ」の４媒体である。「郵便局チラシ」、「読売新聞」、「神奈川新聞」の紙媒体については、来場者１人当たりに要した周知費用は1,000円〜2,000円台（「新聞」（読売新聞＋神奈川新聞）では1,794円／人）であったのに対し、「ラジオ」は10,000円台と他の媒体と比較して10倍近くの高額となった。公式ホームページやフェイスブックは、周知費用はかかっていないが、来場のきっかけとしてはそれぞれ4.4％、2.9％と低い値であった。

②　「信州中野おごっそフェア」

「信州中野おごっそフェア」についても、「信州なかのフェア in 横浜」と同様に、プロモーションを行った際に使用した情報発信媒体ごとに「来場者１人当たりに要した周知費用」を算出し、費用対効果を検証した。

周知に費用を要した情報発信媒体は、「新聞」、「テレビ」、「ポスター」、「フェ

イスブック」の4媒体である。「新聞」、「ポスター」の紙媒体は、来場者1人当たりに要した周知費用は200円台であったのに対し、「テレビ」は600円台で約3倍、「フェイスブック」は1,000円台で約5倍の周知費用となった。なお、「フェイスブック」は本来費用が掛からないが、掲載したPR動画の作成に要した費用を計上している。周知費用が掛かっていない媒体としては、「広報なかの」が来場きっかけの17.6％を占めており、効率的な周知媒体となっている。

(3)　情報入手手段の調査及び情報発信手段ごとの費用対効果の検証のまとめ

「イベントに来たきっかけ」の回答結果を見ると、「信州なかのフェア in 横浜」では51歳以上の年代においては「新聞」、「郵便局チラシ」という紙媒体が多くを占めており、「信州中野おごっそフェア」でも年代に関係なく「新聞」、「ポスター」、「広報なかの」の紙媒体が多くの割合を占めている。インターネットによる情報発信がトレンドになりつつある現在ではあるが、中野市では、紙媒体による情報発信が効果を発揮しているということがうかがえる。

その反面、インターネットを介した情報入手の割合が低いという結果は、イベントへの若者の来場者が少ないことにも起因していると考えられる。今回の結果では、インターネットを介した情報発信がうまくいっていないため若者の来場者が少ないのか、別の理由で若者の来場が少なく、きっかけがインターネットと回答した割合が少なかったのか（「信州なかのフェア in 横浜」は平日開催）が判別できないが、いずれにしても、今後インターネットを介した情報発信がメインになると思われる中で、情報発信の方法を再検討する必要がある。

「よく利用するメディア及びSNS」の回答結果を見ると、「信州なかのフェア in 横浜」のアンケートにおいては明確に年代別の傾向が表れ、年代が上がるほどマスコミ4媒体（新聞、雑誌、ラジオ、テレビ）の比率が高くなり、逆に年代が下がるほどインターネット媒体の割合が高くなった。さらに、インターネット媒体の中でもSNS系が若い世代ではメインになっている。このことは、情報発信にはターゲットに応じた媒体を選択する必要があることを示している。

「信州中野おごっそフェア」のアンケートにおいては、60歳代を除く全ての年代で「テレビ」が１位となっている。このため、地方においてはテレビの影響力は強いものと考えられ、テレビによるプロモーションをどのように生かしていくかが課題である。「新聞」については、年代が上がるほど比率が高まり、高齢世代に対しては有効な媒体である。インターネット媒体は、50歳代以下では２割近い回答数となっているので、有効な媒体といえる。

「来場者１人当たりに要した周知費用」については、「新聞」、「郵便局チラシ」、「ポスター」の紙媒体による情報発信が、他の媒体と比べ効率的であった。逆に「信州なかのフェア in 横浜」の「ラジオ」は、費用対効果の面から見ると効率的でないという結果であり、「信州中野おごっそフェア」の「テレビ」は紙媒体より効率的でないという結果であったが、これら媒体は「よく利用するメディア及びＳＮＳ」アンケートでよく利用するメディアとなっているので、マスコミ側から取材を申し込んでくるような仕掛けができれば、非常に効果的な情報発信手段になると思われる。

以上のように、ここでは簡単なアンケート、検証法で、情報入手手段の調査及び情報発信手段ごとの費用対効果の検証を行ったが、ある程度の傾向、課題をつかむことができた。これらの情報は、次回イベントの改善に向け使用することができる。イベントでは可能な限りアンケート調査を行い、その結果を分析して課題を次回イベント時に生かすという、ＰＤＣＡサイクルをしっかり回していくことが、効果的なプロモーションにつながると思われる。

2　具体的なプロモーション事例の効果検証

話題になったプロモーションの手法のポイントや効果を研究するため、2017（平成29）年度に各メディアで取り上げられて注目を浴びた中野市の職員採用広報ポスターをプロモーションの一つの成功事例として分析を行った。

土木技師や保健師など専門職を中心に職員採用試験の応募者減少が課題になっていた中野市。全国の先進自治体の取組に刺激を受けた広報担当者が2017（平成29）年４月、人事担当者に提案し、ポスターを制作することが決まった。

まず重視したのがターゲット。職員採用のメインターゲットは、高卒・短大卒・大卒などの10代後半から20代前半層である。その年代の人の目に留まるも

のということで、後輩芸人を従えてネタを披露するなど人気の女性お笑い芸人ブルゾンちえみさんをイメージしたものを作成した(**図表２−７**)。モデルには、採用１・２年目の若手職員３人を採用した。

図表２−７　職員採用広報ポスター

キャッチコピーは「新しい市役所で、働きたくない？」と本家のセリフをもじったものにした。職員採用というと、まちの風土や、市民の方のために働くやりがい、といったイメージが一般的な中、あえて、建設中の市役所庁舎を全面的にＰＲし、ちょうど新しく完成した庁舎で働くことができるメリットを打ち出した。2017（平成29）年度は職員採用試験が３回行われ（大卒程度：７月、高卒程度：９月、障がい者枠：12月）、その都度、上記のデザインをベースにしたポスターを制作した。

厚生労働省によると、2009（平成21）年以降、有効求人倍率が上昇し続けており、民間企業の採用規模が拡大傾向にある。それに伴い、全国的に自治体職員の受験者数の確保が難航している状況にある。中野市の採用試験における競争率は、採用年度により募集職種が異なるため一概にはいえないものの、2015（平成27）年度以降、２年連続で前年を下回る状況が続いていた。しかし、2017（平成29）年度については前年度に比べて受験者数が増えている。中でも保健師に目を向けると、他の職種に比べて大幅に受験者数が増加した。このことから、職員採用広報ポスターが大きな効果をもたらしたとまではいうことはできないが、一定の効果はあったものと考えられる。

職員採用広報ポスター制作後、市公式ホームページ及び「中野市役所広報フェイスブック」に画像を掲載した。また、ポスター制作の様子などをメイキング風にした動画を作成し、これも市公式ホームページ及び「中野市役所広報フェイスブック」に掲載した。市公式ホームページについては、前年度に比べて閲覧者数が1.36倍増加した。また、中野市役所広報フェイスブックについては、アカウント開設以来最大の閲覧者数（１万以上）及び動画再生回数（6,000回以上）を記録した。

次の項目で述べるが、この取組は募集期間を過ぎた後も反響を呼び、多くの

メディアで取り上げられた。メディアに取り上げられた後に、インターネットで検索してページを閲覧した方が一定数いたようで、記事の掲載から10か月以上経過した時点でも、閲覧者数が伸びているという現象が起きている。

　企画、制作、出演、全て職員によりゼロ予算で行われたこの取組は、報道機関へのプレスリリースをきっかけに、県内ローカルのテレビ番組や、全国紙の地方版2社への掲載と、それに伴う全国版のインターネット記事への掲載などをきっかけに、全国ネットの人気番組「行列のできる法律相談所」で紹介され、ブルゾンちえみさん本人との"対面"を果たした。その後も、このテレビ番組でのブルゾンちえみさんのコメントなどが多くのインターネットニュースに拡散され、インターネット上に情報が残ることで、職員採用の募集期間を過ぎてからもなお、各メディアからの取材依頼が相次いだ。

　年が明けてからは、「景気回復で民間人気　自治体採用難　倍率最低に」といった総務省が発表したデータに基づく共同通信社の記事に、全国の自治体の変わった取組の一つとして中野市のポスターが紹介された。この記事が全国の地方紙に掲載されるとともに、インターネットニュースとしても情報がアップされたことがNHK「おはよう日本」のディレクターの目に留まり、2018（平成30）年3月1日、同番組にて紹介されることとなった。

　各メディアに掲載された枠・時間などで、仮に広告を出した場合に掛かる費用として換算したところ、4,500万円を超える効果があったことが分かった（**図表2－8**）。

　ポスターを制作した2017（平成29）年5月時点でブルゾンちえみさんはかなりメジャーな存在であったが、その後、24時間テレビのマラソンランナーに抜てきされたり、紅白歌合戦にも出演するなど、国民的なタレントとして更にブレイクしたことも、このポスターが長い期間注目を浴びた大きな要因と考えられる。

　前項で中野市の職員採用広報ポスターが、多くのメディアに取り上げられたことを述べたが、どのような経過で取組を取材することになったのか、数名のメディア関係者から聞くことができた。

・「お堅いイメージがある市役所の取組だからギャップがあって面白い」

・「発想の転換で、お金を掛けずに取り組んだ工夫が光っている」

第2章　中野市政策研究所の取組　*67*

・「『攻める』、『新しい』、そして『突っ込みどころがある』、『いじりがいがある』
　ことがポイントではないか」
・「スタジオでのやりとりも広がるし、ネットでの拡散も予想できる」
・「インターネットで情報収集している中で、ビジュアル的な面白さが目に留
　まった」
　このヒアリングからは、メディア関係者が取材対象を選定する上で求めてい
るポイントや、全国レベルのメディア関係者の目に留まるための方法など、い
くつかの新たな視点を得ることができた。今後のプロモーションにおいて、企
画の段階からこれらのポイントを常に意識することが、より多くのメディアに
取り上げられることにつながるものと考える。

図表2-8　広告費換算

種別	媒体	期日	ボリューム	広告費換算
専門誌	月刊広報	2017. 6 月号	A 5 サイズ	¥50,000
テレビ（県内ローカル）	abnステーション	2017年7月4日	3分	¥1,920,000
新聞	読売新聞	2017年7月27日	W11cm×L17cm	¥181,946
インターネット	YOMIURI ONLINE	2017年7月28日	速報ニュース	¥3,000,000
新聞	朝日新聞	2017年7月29日	W15cm×L13cm	¥184,275
インターネット	朝日新聞デジタル	2017年7月28日	新着ニュース	¥344,000
テレビ（県内ローカル）	土曜はこれダネっ！	2017年8月5日	3分	¥3,120,000
テレビ（全国ネット）	行列のできる法律相談所	2017年9月3日	30秒	¥18,680,000
インターネット	もっとマチイロ	2017年10月27日	シェア15、いいね39	―
ラジオ（県内ローカル）	ＳＢＣラジオ　らじ☆カン	2017年12月26日	15分	¥1,080,000
テレビ（県内ローカル）	abnステーション特番	2017年12月27日	1 分20秒	¥853,333
新聞	京都新聞（共同通信社配信）	2018年2月12日	W 7 cm×L 8.5cm W 4 cm×L 4.5cm	¥921,050
インターネット	Sankeibiz	2018年2月19日	新着ニュース	¥540,000
テレビ（全国ネット）	おはよう日本	2018年3月1日	1分	¥14,480,000
合計額				¥45,354,604

3　外部有識者の見解

　効果的なプロモーション方法や民間企業の手法について学ぶため、長野県を拠点にクリエイターとしてプロモーション分野の第一線でグローバルに活躍されている関直哉氏(株式会社リープクリエイティブス　代表取締役クリエイティブディレクター)に話を伺った。

① 　関直哉氏の仕事
　　・デザイン（ロゴ、パンフレット、ＷＥＢサイトなど）
　　・プランニング（販促イベント、集客イベントなど）
② 　行政のプロモーション
　　行政がＰＲ動画を制作して情報発信することが流行っているが、一度見たらそれで終わってしまう。
③ 　中野市の認知度向上に向けた取組
　　中野市の場合、近隣（小布施・志賀高原・野沢温泉など）に外国人を含む多くの人が来ているので、その人たちをターゲットにして、中野市に立ち寄ってもらうためのプロモーションに力を入れた方が、首都圏でプロモーションを行うより効率的で効果も出るのではないか。
④ 　市に対する誇りや愛着の醸成に向けた取組
　　インナープロモーションとして、市民の得意分野ごとにチームをつくってプロモーションを行うのはどうか。全体の共通のゴールを設定して、ぶれないように。ただ、全体を一つのグループにしてしまわないこと。一緒にしてしまうと、方向性がまとまらず、ぼやけたものになるか空中分解してしまいがちである。
⑤ 　プロモーションのポイント
　　・メディアに取り上げられるものは、「他にないもの」、「ギャップ」、「数字」。
　　・ＰＲ手法の一つとして、「ＴＴＰ」（徹底的にパクる）がある。
　　・チラシやパンフレットはあくまで「切り口」。そこで刺さった人をホームページに誘導し、詳細を見られるようにすればよい（行政は配布物を全てが載っている説明資料にしがち）。
　　・ターゲティングは最重要。広くやると結局誰にも刺さらない。

　このヒアリングからは、効果的なプロモーションを行う上でのポイントや、中野市が向かうべきターゲットなど、いくつかの新たな視点を得ることができた。今後のシティプロモーションにおいて、これらの視点を常に持つことが、取組に付加価値を付けることにつながると考える。

第4　中野市の効果的なシティセールスに関する提案

1　提案

　今後、効果的なシティプロモーションを行うために、何をどのように取り組んでいくと良いかについて提案をしていく。

(1)　メインターゲットを絞り込んだプロモーション

　中野市の課題は、認知度（知名度）の低さである。シティプロモーションの目標として、認知度の向上が重要であることも学んだ。しかし、ただやみくもに作成したＰＲ動画や、首都圏で行うＰＲイベントだけでは、反響は一過性のもので効果は薄いと考える。「認知度の向上」を目的としたプロモーションを行う場合、多くの人に中野市を認知された上で「どうなりたいのか？」をはっきりと定めることが重要である。定住人口を増やしたいのか、観光客を増やしたいのか、応援してくれるファンを増やしたいのか、現在は、施策やプロモーションのメインターゲットを絞るという意識が希薄なため、効果が出にくい状態だと推察される。そこで、シティプロモーションの軸となる施策を明確に絞り込み、力を入れて施策自体の強みや魅力をより際立たせることを提案する。

(2)　推進体制の整備

　中野市役所では、庶務課をはじめ、営業推進課や売れる農業推進室などが市のＰＲ活動を行っているが、市としての広報活動全体の流れを統括する部署がないという実情がある。そのため、それぞれの業務の線引きが曖昧であり、シティプロモーションを担当する部署が見えてこない状態になっている。その結果、各課で打ち出すプロモーションに統一したコンセプトがなく、連動性に欠けることもあり、効果を出しづらい状況である。

　そこで、部署の枠を越えた全庁的、横断的な組織として、「なかのシティプロモーションチーム」の設置を提案する。これは、シティプロモーションの担当部署を設けて「人任せ」にするのではなく、各課にシティプロモーション担当者を設置し、市のプロモーションのコンセプトの共有を図るとともに、「職員一

人ひとりが広報マン」という意識付けを行い、市役所全体のプロモーション力の向上を図るものである。また、オブザーバー会員として加入している「シティプロモーション自治体等連絡協議会」の正規会員となることで、チームの運営及びメンバーの育成への後方支援が期待できる。

(3) 共創による市に対する誇りや愛着の醸成

　シティプロモーションの目標を絞り込むことが重要である点は先に述べた。その中で「市に対する誇りや愛着の醸成」は最終的にどの目標に向かうとしても、着実にベースとなるものであると考えられる。そこで、市民参加のワークショップや、市内のデザイナーやクリエイターと連携し、市民が「まちの当事者」と感じられるような取組を行うことを提案する。

① 市民参加のワークショップを開催
　　地域の魅力を再発見する目的で、市民参加のワークショップを行う。
② 活動的な市民団体やクリエイター、個人と連携したプロジェクトの考案
　　・「広報なかの」の紙面に市内のイラストレーターの作品を使用。
　　・クリエイターと連携して近隣自治体を訪れる観光客をターゲットにした取組を行う。

　市民協働を推進し、共創のプロモーションを行うことで、市に対する誇りや愛着を醸成する上での基礎づくりが期待される。特に、市民協働の取組を進めていくためには、市内のデザイナー・クリエイターや地域おこし協力隊との連携が重要になってくると考える。彼らが持っているスキルや「外からの目線」はシティプロモーションに生かすことができる。また、同じ目標を持つ市民と協働することで、win-winの関係を築くことができる。「市の課題（施策）に自分が携わっている」という自負心が芽生え、共に事業を成し遂げることによって、そこから愛着や共感が生まれるのは、先進自治体の事例からも明らかである。そこから、良い「口コミ」で協働の輪を広げることで、より多くの住民の「中野市が好き」「中野市に住み続けたい」という思いにつなげていきたいと考える。

(4) 庁内広報の推進によるスタッフプライドの育成

　現在、イベントの企画やお知らせなど個別のプロモーションについて、各部署の担当者がそれぞれ行っているが、組織間、担当者同士の横のつながりが薄

く、また、効果的な情報発信のノウハウを学ぶ機会も少ない状況である。そこで、職員の広報意識・広報スキルの向上のため、以下のとおり提案を行う。

① 「庁内報なかの」発行
　シティプロモーションチーム内に編集委員会を設け、庁内の情報を、企画性を持たせて庁内向けに発信する。年4回の発行とし、庁内のコミュニケーションツールとして活用する。
② 情報発信研修
　市外で行われるイベントへチームメンバーを派遣する。
③ ドローンパイロットチーム
　庁内でドローンパイロットチームを組織する。研修会を行い、市内施設などを撮影してシティプロモーション用の素材として活用する。
④ シティプロモーションマニュアルの発行
　「年代や性別に応じた媒体選択」、「ターゲットに刺さるもの」、「パブリシティの有効活用」など、本研究で蓄積した企画やチラシづくりのポイントをまとめたマニュアルを作成し、職員一人ひとりのプロモーション力の向上を図る。
⑤ シティプロモーション研修
　職員一人ひとりがシティプロモーションの重要な担い手であるという意識付けとスキル向上のため、専門家による研修会を行う。

　これらの取組を通して、他自治体や民間の情報に敏感で、急速に変化する社会情勢への対応力がある「アンテナの高い人材」の育成、縦割り組織にとらわれずに市全体を広い視野で考えられる「横串人材」の育成、自らの創意工夫で新しい施策を企画立案・実施する「イノベーション思考」の拡大が期待される。また、職員一人ひとりが、自らが勤務する自治体への愛着心を高めることは、市民協働の取組を進める上でも大変重要なことであると考える。

(5)　広報効果測定の提案

　現在、各部署で行われている広報効果の検証は十分であるとはいえない状況である。そこで、以下のとおり広報効果の測定を行うことを提案する。

① イベントではアンケート調査を行い、PDCAサイクルを回す
　イベント内容やプロモーション方法のブラッシュアップのため、アンケート調査を行うことを徹底する。担当部署の負担を減らすため、シティプロモーションチームにおいてイベント時におけるアンケート様式を作成する。
② 広告費換算
　プレスリリースのメディア掲載実績表を作成し、新聞やテレビへの露出把握

を行う。本研究により蓄積した計算方法を使用して広告費換算を行う。また、ネット媒体・新聞・雑誌などの記事クリッピングサービス（有料）の活用も検討する。

第5　おわりに

　本研究では、中野市が向かうべき「シティプロモーションの方向性」について議論を深めることが第一歩であると提言した。また、市に対する誇りや愛着の醸成、スタッフプライドの育成、個別のプロモーションのスキルアップは、これからどのようなシティプロモーションを行っていく上でも重要なポイントであることから、いくつかの手法を提案した。前項で提案した内容は、なかのシティプロモーションチームが軸となり、全庁的・横断的に進めていくことが効果的であると考える。都市間競争が激化している中で「選ばれるまち」として中野市が勝ち残っていくためには、市外の人に「中野市」を認知してもらうこと、そして市民に中野市への愛着を強め、誇りを高めてもらうことが重要である。

　これらを達成するためには、行政による独力・単発のプロモーションだけではなく、行政、企業、地域の人たちがそれぞれの立場で連携しながら効果的に発信していく「地域ぐるみのシティプロモーション」が重要な要素ではないだろうか。市外に向けての効果的なシティプロモーションが行われれば、中野市の情報が外に出て大きく取り上げられ、認知度が向上するとともに、中野市に関係する市内外の人が「中野市はすごい」と愛着を強め、誇りを高めるきっかけとなることが期待される。その結果、市民一人ひとりが自発的に中野市をＰＲする「地域ぐるみのシティプロモーション」が行われ、更に中野市をＰＲする人が増えていくというサイクルを構築することが、最終的に「中野市に行ってみたい」「中野市で暮らしたい」と考える人の増加につながるのではないだろうか。協働、共創の取組が、本市の効果的なシティプロモーションのポイントになると考える。

2 安心して子育てしやすい環境の確立に向けた調査研究

第1 概要

1 調査の概要

中野市在住の子育て世代には、経済的な問題や、父母の就労状況、家庭環境などにより、「現在の子どもの人数」より「希望する子どもの人数」が多いという差異があるが、安心して子育てしやすい環境が整備されることで、この差異が縮まり、「本当はもう一人子どもが欲しい」という希望を実現できるのではないかという仮説を立てた。

この仮説を検証するため、まず、中野市内における子育て世代のニーズを正確に把握し、今後の子育て世代への施策の基礎データを作成することとし、また、市町村単位だけで行われる施策だけでなく、企業主導型保育事業の実施状況も含めた知見を抽出した。

2 調査研究の流れ

① 基礎データの収集

子育て支援センターにて、子育て中のママを対象としたヒアリング調査

② 子育て世帯のニーズ調査

0歳から就学前のお子さんがいる全世帯を対象としたアンケート調査

③ 企業主導型保育施設への視察

企業主導型保育事業に先進的に取り組んでいる施設へのヒアリング調査

3 中野市における人口減少の現状

人口の増減要因は、一定期間における出生・死亡に伴う人口の動きである自

然動態と、転入・転出に伴う人口の動きである社会動態の2つの要素に起因する。

中野市の人口異動状況をみると、**図表2−9**に示すとおり、2003（平成15）年に人口の減少（−36人）となって以降、2005（平成17）年には自然動態及び社会動態ともに減少に転じており、2017（平成29）年まで毎年人口が減少している。

図表2−9　中野市の年次別人口異動状況（2002（平成14）年以降）

	2002	2003	2004	2005	2006	2007	2008	2009	2010	2011	2012	2013	2014	2015	2016	2017
自然増減数	65	2	-54	-39	-64	-44	-62	-110	-108	-153	-146	-161	-168	-200	-235	-209
社会増減数	103	-38	29	-373	-158	-227	-136	-198	-64	-119	-162	-309	-171	-110	-205	-98
人口増減数	168	-36	-25	-412	-222	-271	-198	-308	-172	-272	-308	-470	-339	-310	-440	-307

出典：長野県「毎月人口異動調査」

社会動態については、年によりバラツキがみられるものの、2005（平成17）年に転出者数が転入者数を上回る社会減となって以降、中野市における人口減少の大きな要因となっており、若年層が進学や就職等を契機に東京圏（1都3県、東京都、埼玉県、千葉県、神奈川県）を中心とした大都市に転出していることが理由に挙げられる。

人口減少の要因となっている自然減の理由として挙げられるのが少子高齢化の進展であり、2000（平成12）年前後には年間450人を超えていた出生数が、2016（平成28）年には300人程度まで減少しているとともに、高齢化の進展による死亡数の増加も影響している。

少子化の要因は様々であるが、厚生労働省では子どもの出産・育児コスト上昇や、女性の社会進出が加速していることを挙げており、重ねて、晩婚化や未婚化、女性の高学歴化、経済状況や社会風土の変化などの要因が複雑に絡み合っ

た結果と思われる。

　自然減を抑制するためには出生数の改善が必要不可欠である。**図表２－１０**のとおり、１人の女性が一生に産む子どもの平均数を示した合計特殊出生率は、中野市では2016（平成28）年時点で1.45となっており、数値にバラツキがみられるものの、国、長野県平均をおおむね上回って推移している。しかし、人口置換水準（人口維持のために必要な合計特殊出生率）は2.07～2.08といわれており、これ以下であれば人口は減少することになる。

図表２－１０　中野市の年次別出生数及び合計特殊出生率の推移

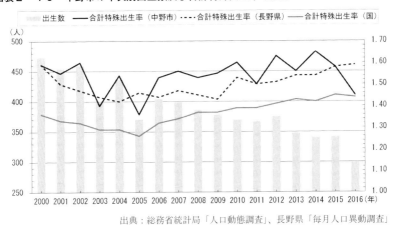

出典：総務省統計局「人口動態調査」、長野県「毎月人口異動調査」

４　なぜ子育て世代か

　人口減少対策において重要な世代は、未来を担う子どもたちや若者である。少子化の進行は、未婚化・晩婚化の進行や第１子出産年齢の上昇、経済的な理由、子育てに対する不安など、様々な要因が複雑に絡み合っており、きめ細かい少子化対策を推進することが重要である。

第２　子育て世帯のニーズ

１　基礎データの収集

　中野市における子育て環境の充実のためには中野市の現状を知るところから始める必要がある。本調査研究に先立ち、後述する市内在住の０歳から就学前

の子どもをもつ全世帯を対象としたアンケート調査や企業ヒアリングのための基礎データの収集を目的に、中央子育て支援センター（りんごっこ）でのフリートーク（13人）及び記述式調査（21人）を実施した。

　調査結果を分析すると、医療・保育・教育に対する経済的な支援を求める意見が最も多く、次いで、保育所、子育て支援センターや公園に関する意見が多く、自宅以外で保護者と子どもが一緒に過ごせる施設の充実を求める意見も多いことが分かった。

　子育て支援センター利用者へのアンケートでは、現在の子どもの数と希望する子どもの数の差が「0.86人」であった。経済的支援に対する意見等が多い中で、希望する子どもの数に近づけるための環境整備も急務であると考える。

2　アンケート調査

　0歳から就学前のお子さんがいる全1,633世帯（2017（平成29）年9月30日時点）を対象に、アンケート調査を実施した。この調査は、前述の子育て支援センター利用者へのヒアリング調査で得られた基礎データに基づき、経済的な問題や、父母の就労状況、家庭環境などにより、「現在の子どもの人数」より「希望する子どもの人数」が多いという差異があり、安心して子育てしやすい環境が整備されることで、希望する子どもの数に近づけることができるのではないかという仮説を、より詳細に検証するために実施したものである。

アンケート調査の結果

　現在の子どもの人数については「2人」が282件（41.8％）で最も多く、次いで「1人」が233件（34.6％）、「3人」が139件（20.6％）となり、1～3人が全体の97.0％を占めている（**図表2－11**）。これに対して、希望する子どもの人数については、「3人」が242件（35.9％）で最も多く、次いで「2人」が225件（33.4％）となった（**図表2－12**）。

　中央子育て支援センター（りんごっこ）でのフリートークで得られた結果と同様、「現在の子どもの人数」と「希望する子どもの人数」に差異があることが分かり、その差が「0.55人」という結果であった。

図表2-11　現在の子どもの人数

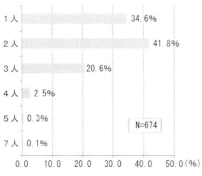

出典：中野市「平成29年度子育て環境に関するアンケート」

図表2-12　希望する子どもの人数

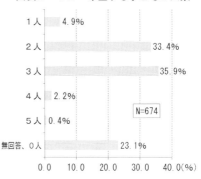

出典：中野市「平成29年度子育て環境に関するアンケート」

　フルタイム就労者のうち今後の就労希望については、母親の場合「今の就労を続けることを希望」が216件（74.5％）で最も多く、次いで「パートタイム等への転換希望があるが、実現できる見込みはない」が31件（10.7％）となった（**図表2-13**）。

　父親の場合も「今の就労を続けることを希望」が570件（90.5％）で最も多かった。

　パートタイム、アルバイト等で就労している方の今後の就労希望については、母親の場合、フルタイムと同様、「今の就労を続けることを希望」が130件（55.8％）で最も多かった（**図表2-14**）。

　保育所・幼稚園等の利用状況については「利用している」が408件（60.5％）、「利用していない」が255件（37.8％）となった（**図表2-15**）。

図表2-13　今後の就労希望（母親、フルタイム）

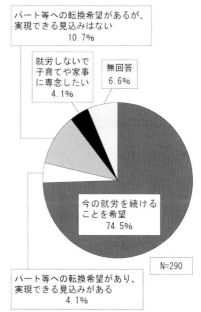

出典：中野市「平成29年度子育て環境に関するアンケート」

　利用していると回答した408件のうち、日常的に利用している施設は「保育園」が332件（81.4％）で最も多く、次いで「幼稚園」38件（9.3％）、認定こど

も園35件（8.6％）、その他9件（2.2％）の順で、所在地は市内が381件（93.4％）で市外が10件（2.5％）となった。

保育所・幼稚園等を利用していない主な理由は、「産休・育休中のため」が66件（27.2％）、「乳児、未満児のため」が56件（23.0％）、「（専業主婦、自営業、パート等により）母親がみているため」が54件（22.3％）となった。

なお、「乳児、未満児のため」56件（23.1％）については、保育料が高いからという理由も含まれ、「母親がみているため」は母親が専業主婦、自営業、パート等であることも含まれる。

企業主導型保育施設の利用状況については、「利用したい」が483件（71.7％）で最も多く、次いで「利用したくない」137件（20.3％）、「既に利用している」18件（2.7％）の順となった（**図表2－16**）。

企業主導型保育施設の認知度については不明だが、就労していない方も含め、就職先にあった場合は利用したい、若しくは既に利用していると回答した方が501件（74.3％）と大半を占めたことから、肯定的に考えている方が多いことがうかがえる。

中野市における子育て環境や支援への満足度については、「どちらかといえば満足」が424件（62.9％）で最

図表2－14　今後の就労希望（母親、パートタイム、アルバイト）

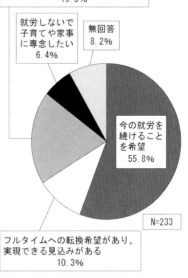

出典：中野市「平成29年度子育て環境に関するアンケート」

図表2－15　宛名の子の保育所等利用状況

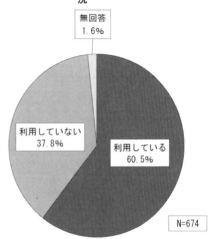

出典：中野市「平成29年度子育て環境に関するアンケート」

も多く、次いで「どちらかといえば不満」137件（20.3％）、「満足」66件（9.8％）、「不満」33件（4.9％）の順となった（**図表2－17**）。

母の就労状況別に現在の子ども数を比較すると、「1人」で最も割合が高いのは、「現在は就労していない」、一人目の子の妊娠、出産で離職した母親が多い。

また、「3人」で最も割合が高いのは、「パートタイム等で就労中（産休・育休中）」の場合で、フルタイム以外で育休制度が充実している母親ほど子ども数が多いことがうかがえる（**図表2－18**）。

同様に、母親の就労状況別に希望する子ども数を比較すると、「3人」で最も割合が高いのは、「パートタイム等で就労中（産休・育休中）」の場合で、次いで「フルタイムで就労中（産休・育休中）」となった。

フルタイムも含めて、育休制度が充実している母親ほど希望する子ども数が多いことがうかがえる（**図表2－19**）。

図表2－16　企業主導型保育施設の利用状況

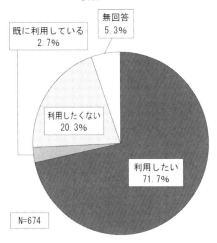

出典：中野市「平成29年度子育て環境に関するアンケート」

図表2－17　中野市における子育て環境や支援への満足度

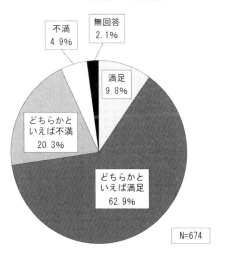

出典：中野市「平成29年度子育て環境に関するアンケート」

図表2-18　母親の就労状況と現在の子ども数

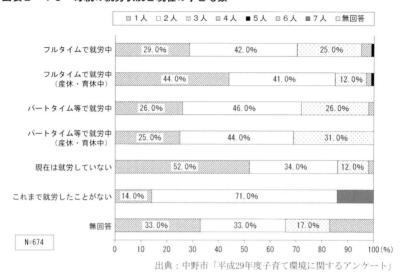

図表2-19　母親の就労状況と希望する子ども数

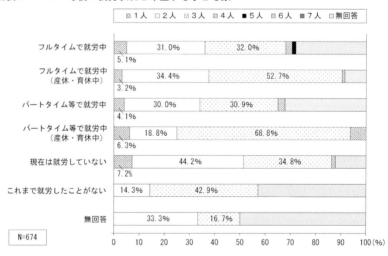

企業主導型保育施設の利用希望を母親の就労状況別に比較すると、「利用したい」で最も割合が高いのは、「パートタイム等で就労中（産休・育休中）」で、次いで「現在は就労していない」となった。フルタイム以外での育休制度の充実に加え、安心して就労継続できる環境を求める方が多い（**図表2−20**）。

図表2−20　母親の就労状況と企業主導型保育施設の利用希望

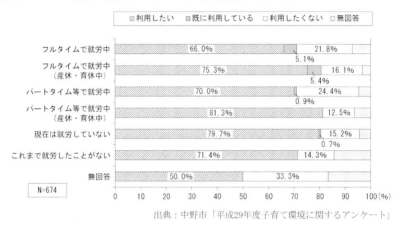

出典：中野市「平成29年度子育て環境に関するアンケート」

第3　中野市における保育ニーズの分析

1　中野市における保育ニーズ等の現状

　安心な子育て環境を確立するには、女性活躍の推進による共働き世帯に対応した柔軟な働き方、保育所・幼保連携型認定こども園等の保育環境の充実など、急激に社会構造が変化する中で、就労と子育てを両立することができる保育分野の環境整備が必要不可欠となっている。地方部においても今後、保育ニーズは拡大するとの予測もされており、その時々のニーズにタイムリーに対応することで、結果、子育て世代の満足度を向上させ、子育て世代の希望出生数をかなえることができるものと考える。

　ついては、次項以降では、主に子育て世代の生活環境と保育ニーズの把握・分析を行い、中野市に必要な子育て環境についての考察を行う。

2　統計データによる子育て世代の環境分析

図表2−21によると、中野市の人口は2000（平成12）年の47,845人をピークに減少期に入り、今後も減少し続けると推測されている。

図表2−21　中野市の1世帯当たり人口の推移

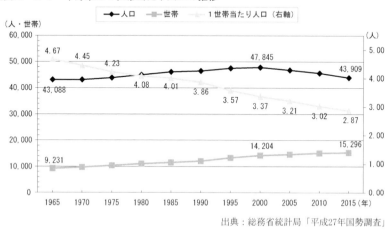

出典：総務省統計局「平成27年国勢調査」

世帯数は核家族化の進展や独り暮らし高齢者の増加を背景に1965（昭和40）年から2015（平成27）年の50年間で約6,000世帯増加している一方、人口は43,088人から43,909人と約800人強の増加にとどまっている。結果、1965（昭和40）年から2000（平成12）年までの人口増加期や2000（平成12）年以降の人口減退期でも、1世帯当たり人口は減少し続けており、2015（平成27）年には2.87人と3人を割り込み、1965（昭和40）年と比較し1.80人の減少、2000（平成12）年からは僅か15年で0.50人減少している。

次に**図表2−22**に示すとおり、保育の対象となる未満児（0歳児から2歳児）の年齢別人口の推移を見てみると、人口減少と同様に各年齢層ともに減少しており、少子化の傾向が顕著に表れている。2017（平成29）年の2歳児までの総数は957人であり、2005（平成17）年の1,301人から27％程度の減少となっている。

次に、女性の労働状況について分析を行った。2000（平成12）年以前は学校卒業後20歳前半でピークに達し、その後、結婚・出産といったライフイベントを機に一旦低下し、育児が落ち着いた時期に再び上昇するというM字カーブを

描くことが知られていたが、近年は、そのM字の谷の部分が浅くなってきているといわれている。

図表2－23に示すとおり、中野市の年齢5歳階級別の女性労働力率を見てみると2000（平成12）年以降、そのM字の谷の部分が浅くなっている。

2000（平成12）年と2015（平成27）年の女性労働力率を比較すると、女性の高学歴化の進展などにより20歳～24歳では－6.28％と低下傾向にあるが、25歳～39歳では全世代で大幅に上昇している。特に30歳～34歳では9.66％上昇し、2000（平成12）年に68.46％だったものが2015（平成27）年には78.12％に上っている。

図表2－22　中野市の0歳児、1歳児、2歳児人口の推移

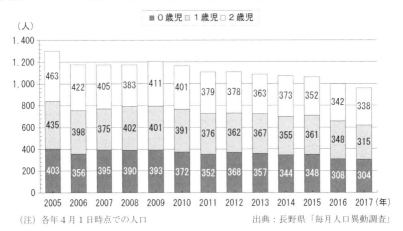

（注）各年4月1日時点での人口　　　　　　　　　出典：長野県「毎月人口異動調査」

図表2－23　中野市の年齢別女性労働力率

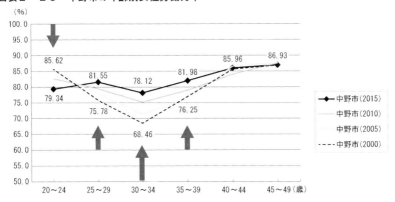

（注）労働力率＝労働力人口／労働力状態にある15歳以上人口　　出典：総務省統計局「国勢調査」

以上のとおり、少子化の進展により当面子どもの数は減少していくと推測される一方で、女性の高学歴化・女性活躍の推進により女性労働力率は高水準で推移すると予想される。

女性活躍の推進や核家族化の進展に伴い、子どもをもつ世帯の未満児保育に対するニーズの高まりによる待機児童問題が社会課題となっている。都市部だけでなく地方部の自治体でも待機児童が発生しており、地方においてもより身近な問題となってきている。子どもを預けられないため、余儀なく離職・休職を選択しなければならない世帯の増加、また、経済的理由だけでなく、預けられる保育施設がないため子どもをもつことができないといった悪循環に陥るリスクが高まっている。

3　中野市における保育施設の現状

中野市における保育施設の現状（2018（平成30）年3月1日現在）を**図表2-24**にまとめた。

市が運営する公立保育所では、施設規模や定員にバラツキはあるものの、立地する地域により利用率に差が生じている。

各園の利用率を小学校区別で見てみると、中野地区に立地する松川保育園、さくら保育園及びひまわり保育園、平野地区の平野保育園、平岡地区の平岡保育園などは、人口規模が他の地域より大きいことや事業所が集積していることもあり、利用率は高い状況にある。

一方で、長丘地区、科野・倭地区、豊井地区、永田地区などに立地する保育所の利用率は約50〜65％と比較的低調であり、中野・平野・平岡地区の市街地及びその周辺に立地する保育所の利用ニーズが高い傾向にあることが分かる。

また、公立・私立を含めた入園児童数に対する未満児の割合は、ひよこ保育園の44.3％が最も高く、次いで長丘保育園の42.9％と続いている。一方、低い方では永田保育園の24.0％が最も低く、次いで平野保育園の26.2％となり、全保育施設の平均で33.2％となっている。

2018（平成30）年度における市内公立保育所の入所申込みは、新規の申込みで371人となっており、そのうち、第1希望の保育所に入所できなかった児童は

97人となっている。これは、申込みが市街地などの保育所に集中したことや、3歳未満児が多かったことが主な要因と分析している。その97人の児童のうち、第2、第3希望の保育所に入所できた児童が52人、いずれかの保育所に入所できた児童が27人となっており、残る18人は、保護者が育児休業を延長できたなどの理由で申込みをキャンセルした児童となっている。

　このように、3歳未満児を中心とした市街地保育所などへの入所希望が高く、今後もこのような保育ニーズの傾向が続くと推測される。

図表2-24　中野市内の認可保育施設の現状（2018（平成30）年3月1日現在）

保育施設名	定員（人）	入園児童数（人）			入園児童数に対する割合（%）	
		入園児童数	0〜2歳児	3〜5歳児	0〜2歳児	3〜5歳児
みなみ保育園	150	117	42	75	35.9	64.1
平野保育園	210	202	53	149	26.2	73.8
松川保育園	160	153	48	105	31.4	68.6
高丘保育園	140	109	35	74	32.1	67.9
長丘保育園	80	49	21	28	42.9	57.1
平岡保育園	150	137	37	100	27.0	73.0
たかやしろ保育園	120	77	24	53	31.2	68.8
永田保育園	60	25	6	19	24.0	76.0
豊井保育園	120	61	23	38	37.7	62.3
さくら保育園	120	122	46	76	37.7	62.3
ひまわり保育園	100	103	34	69	33.0	67.0
公立保育所小計（平均）	1,410	1,155	369	786	31.9	68.1
ひよこ保育園	90	97	43	54	44.3	55.7
認定こども園 中野マリア幼稚園（保育）	115	114	42	72	36.8	63.2
私立保育施設小計（平均）	205	211	85	126	40.3	59.7
合　計	1,615	1,366	454	912	33.2	66.8

（注）幼保連携型認定こども園 中野マリア幼稚園については、保育部門のみを記載
（注）学校教育法に基づく幼稚園は除く。

中野市政策研究所「中野市保育課提供資料」に基づき作成

　また、全国の多くの職種で人材不足が社会問題となっている中、保育士の人材確保も非常に困難になってきている。図表2-25のとおり、認可保育所の保育士の配置基準が定められており、乳幼児を受け入れるには、必要数の保育

士を確保する必要がある。加えて、認可保育所において保育に従事する者は保育士資格の保有が必須と定められている。

図表2-25　認可保育所の保育士の配置基準

年齢区分	国の基準	中野市の基準
乳児	おおむね3人：1人以上	おおむね3人：1人以上
満1歳以上満2歳未満の幼児	おおむね6人：1人以上	おおむね4人：1人以上
満2歳以上満3歳未満の幼児	おおむね6人：1人以上	おおむね6人：1人以上
満3歳以上満4歳未満の幼児	おおむね20人：1人以上	おおむね20人：1人以上
満4歳以上の幼児	おおむね30人：1人以上	おおむね30人：1人以上

市内公立保育所においても、保育士不足が深刻な課題となっている。現状、公立保育所全体では、入園児童数が定員を下回っており、施設基準上では受入れ可能な状態ではあるが、現実はその児童を保育する有資格者の保育士が不足しており、今以上の児童受入れが困難な状況になっている。

中野市においても、保育士確保のため、厳しい財政事情を踏まえつつ、複雑・多様化する保育ニーズに配慮しながら、正規職員については退職補充による保育士確保や、嘱託・臨時職員については報酬及び賃金の引上げ等により対応しているところである。

そのような状況の中、国の後押しの下、推進されているのが、「企業主導型保育事業」である。2016（平成28）年4月、子ども・子育て支援法の改正に基づき創設され、多様な就労形態に対応する保育サービスの拡大を行うことで、仕事と子育てとの両立に資することを目的としている。認可外でありながら公的助成を受けることができ、自由に利用時間や開所日を設定できるなど、企業や地域のニーズに即した多様で柔軟な運営が可能である。また、職員の保育士資格も認可保育所と比較して緩和されていることも特徴であり、全国的に多くの企業主導型保育施設が設置されてきている。

第4　企業主導型保育事業

1　概要

認可外保育施設に位置付けられる企業主導型保育事業は、多様な就労形態に対応する保育サービスの拡大と仕事と子育ての両立に資することを目的とし、

自治体による計画的整備とは別枠で整備可能であり、設置の際や利用の際に自治体の関与を必要としないことや、利用総定員の50％以内であれば自由に地域枠を設定できるなど、柔軟な制度設計がされている。

企業主導型保育事業の主たる特徴的なポイントには、以下のようなものがある。
- 働き方に応じた多様で柔軟な保育サービスの提供が可能（延長、夜間、休日、短時間など）
- 複数企業での共同設置が可能
- 複数企業との共同利用や地域住民の子どもの受入れが可能
- 条件を満たせば、運営費、整備費に認可保育施設並みの助成を受けることが可能
- 利用者と施設の直接契約が可能

2　企業主導型保育施設の設置イメージ、利用対象者、助成金等

企業主導型保育施設の設置イメージは**図表２−２６**のとおりである。利用対象者は設置事業者の自社従業員が利用する「従業員枠」と、地域の住民等が利用する「地域枠」を設定することができる。運営費は、企業の自己負担相当分及び利用者負担相当分を除く部分について、一人当たり単価に利用人数を乗じた額を基本に算定された額が定額交付され、施設の整備費用については認可保育所整備費と同一水準の定額（３／４相当分）が交付される。

図表２−２６

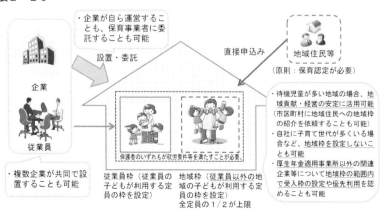

出典：内閣府子ども・子育て本部　「企業主導型保育事業について」

助成を受けるからには国からの監査があり、求められる水準も認可保育所並みに高い。しかし、待機児童解消のために各自治体と一丸になり実施していく企業数は増加している。

このように、企業主導型保育施設の設置が進む中、運営企業にはどのようなメリットが期待できるのか、下記にまとめる。

- 従業員の就労状況に応じた柔軟な保育サービスの提供
- 子育て中の従業員の離職防止
- 新たな人材確保
- 福利厚生制度の充実に伴う企業イメージの向上
- 地域枠の設定による地域貢献

企業主導型保育事業の特徴や、運営企業のメリットなど、導入すれば企業や地域にとってプラスになる要素が多々あるが、当然ながらデメリットや施設設置に際しての課題も存在する。そこで、既に施設を開設し運営を始めている先進企業に対し、事業実施に至った経緯やきっかけ、メリットやデメリット、課題や改善点等について実際の現場レベルでの状況を把握することを目的に、ヒアリング調査を実施した。

3　先進企業等へのヒアリング

先進的に企業主導型保育事業を実施している3つの企業等に、事業実施の経緯や開所までのプロセス、当事業のメリット・デメリット等を把握することを目的に、ヒアリング調査を実施した。

ヒアリング結果

ヒアリング結果については、以下のとおりである（**図表2－27**）。

図表2－27　先進企業等へのヒアリング結果（2017（平成29）年12月時点）

質問事項	ヒアリング結果		
設置者	(同)Mom's sun	㈱綿半ホームエイド	(社医)抱生会 丸の内病院
保育施設名	きらりほいくえん （**写真2－7**）	わたぴーランド （**写真2－8**）	まるのうち保育所
設置場所	長野市青木島	長野市南長池	松本市渚一丁目
開所年月	2017年8月	2017年8月	2017年2月
施設定員	40人	15人	48人

従業員数	33人 （全員女性）	本　　社：約100人 隣接店舗：約180人 （女性従業員が多い）	517人 男性112人／女性405人
利用従業員数	7人	8人	30人 （3月までに35人予定）
地域枠	50%	0% 今後の状況に応じ検討	8人を設定 運営状況の安定後に開始
利用者数 （内、地域枠）	31人（19人）	8人（0人）	30人（0人）
設置・利用形態	・保育事業者設置型 ・共同利用有 ・共同利用企業は4社。 ・2018年1月から6社。	・単独設置型 ・共同利用無 ・本社及び北信8店舗の従業員が利用可能	・単独設置型 ・共同利用無 ・今後1社と共同利用
運営方法	・自社での直接運営	・保育事業実施者へ運営委託	・自社での直接運営（学校法人へ委託予定）
設置のきっかけ	産後ケアを通じ、2人目の子どもを出産後の母親の精神的負担の大きさを痛感し、働く母親を大切にしたいと思ったこと。	子育て世代を中心にパート勤務者が多く、人材確保の必要性と従業員の福利厚生の必要性を痛感したこと。	看護師等職員の安定確保と継続勤務の必要性、さらに職員の福利厚生の必要性を痛感したこと。
事前のニーズ調査	未実施だが、従来の産後ケア等からニーズは感じていた。	未実施だが、女性従業員が多く、社員からの要望があった。	未実施だが、院内で要望は多くあった。
計画から開所まで	約1年	約3年	約1年
設置費用	約6,500万円	約2,000万円	約1億7,000万円
工夫した点	・イベント等を大幅に見直し、保育士の残業ゼロを達成。雇用条件なども希望に応じ対応 ・おむつ、布団、エプロン等は持参不要とし、保育料に加算	・可動式の棚等を導入。乳幼児数に合わせた柔軟な保育スペースが確保できるよう設計 ・運営企業の就労形態に合わせて、休園日は、正月の三が日のみ	・同じ敷地内に病児保育棟と認定こども園棟を建設し、0〜5歳児までみられるようにした ・プレハブ建築で工期を短縮
苦労した点	・児童育成協会の助成金申請(修正量、スケジュール等)	・児童育成協会の助成金申請(修正量、スケジュール等)	・児童育成協会の助成金申請(修正量、スケジュール等)

保育士の確保	・元利用者の方など様々	・運営委託事業者が募集	・ハローワークを活用
保育料	・国の要綱を参考に認可保育所より安価に設定	・公立保育所の保育料を参考に安価に設定	・公立保育所の保育料を参考に安価に設定

ヒアリング調査結果から、企業主導型保育事業に対する考察を以下に示す。

- 制度自体は良いため、いかに企業に周知・拡大していくかが課題。
- 運営企業の人材確保、福利厚生の充実、地域貢献につながるなど、メリットはある。
- 整備・運営費に高い補助率の助成金が出るため、導入企業の負担軽減につながっている。
- 導入企業にとって、助成金の申請事務が非常に大変である。
- 認可外の保育施設ではあるが、認可施設並みの運営基準等が課せられている。
- 収益が出る事業ではなく、運営は非常に厳しい。
- 子どもを預けたいという保育ニーズは高い。

以上のとおり、運営や各種申請等への課題や改善要素があることが分かった。ただ、高い補助率の助成金を受けることができることや、柔軟な施設運営等が可能など、企業主導型保育事業に対する運営企業側のメリットも把握することができた。

写真2-7　きらりほいくえんの内観　　写真2-8　わたぴーランドの外観

第5　まとめ

　今回の調査を通して、世帯収入や母親の就労状況、保育施設の充実度などが子育て環境に深く影響を及ぼしていることが判明した。子育て環境に関するアンケートでは、経済的支援を求める声が最も多く、次いで保育所・幼稚園に関する声が多かった。経済的支援については「保育料の負担軽減」に関する声が多く、就労状況等に関することでは「職場の理解不足」や「休暇の取りづらさ」を挙げる声が多いなど、市役所だけでなく、民間企業とともに解決していくべき課題の多さが浮き彫りになった。回答には保育所・幼稚園や子育て支援センターに関する要望も多く、現在の運営状況や支援策等の中で見直すべき点もあった。また、就労状況についてはフルタイムやパートタイム等の就労形態を問わず、多くの母親が就労を継続したいと考えていることも分かった。つまり、「共働きで子育て」をする世帯は、一層増えていくことが予想され、その対象世帯への支援が子育て環境の充実につながることから、今後の一層の充実が求められている。

　中野市では子育て支援センターを市内に３か所運営しており、保育料の第二子半額、第三子無料や子育て応援ガイドブックの発行など、子育てしやすい環境を整えていくための独自の施策を実施している。今後の中野市を見据え、安心して子育てしやすい環境をより一層充実させるためには、中長期的かつ継続的な子育て支援体制の整備も必要であると考える。そのためには官民が情報共有して連携していくことが重要であり、本研究で調査した企業主導型保育事業はその先進事例の一つである。

　各企業において企業主導型保育施設の運営方法等に違いはあるものの、利用者にとっては柔軟な保育サービスが提供されている点、職場の近くに預けることができる安心感、送迎時の負担軽減など様々な利点が存在する。福利厚生を充実させることを目的に実施している企業等もあり、企業側からみると離職防止だけでなく、新たな人材確保や地域貢献などにつながるものと期待が持てる。加えて、保育士設置基準においても、認可保育所と比較し配置基準が緩和されていることも特徴の一つといえる。

　中野市においては、保育士不足や厳しい財政事情により、今以上の乳幼児受

入れが困難な状況にあることから、職員配置、運営日時や利用対象者の設定など、柔軟な運営が可能な企業主導型保育事業は、子育て世代の多様なニーズに対応可能な事業といえる。

　一方で、この企業主導型保育事業は、保育所等の待機児童対策として国が始めたものであるが、認知度についてはまだ十分ではない。その反面、企業にとっては多くのメリットがある制度である。今後は、保育所等に入所できない待機児童の問題が深刻化している都市部だけでなく、地方部においても広がりを見せていくことと思われる。

　仕事と育児の両立は難しいが、今回の調査を起点とし、企業主導型保育施設の更なる普及を推進していくことが安心して子育てしやすい環境の確立への一助となると考える。

3 「働きやすいまち」を実現するための働き方改革に関する調査研究 ～中野市の特性を生かしたワークスタイルの提案～

調査の背景と目的

　2017（平成29）年3月、政府は日本経済再生に向けて「働き方改革実行計画」を決定した。働き方改革の基本的な考え方は、働く人の視点に立った労働制度の抜本的改革により働く人がより良い将来の展望を持つことを目指し、非正規雇用の処遇改善、労働生産性の向上、長時間労働の是正など9つの分野で具体的な方向性が示された。

　一方、首都圏への人口流出と少子高齢化による人口減少に直面する地方では、「地方創生」を旗印に地域の活力維持と人口減少の抑制に取り組んでいる最中である。中野市においても、2015（平成27）年12月に「中野市まち・ひと・しごと創生総合戦略」を策定し、住みよさで選ばれるまちを目指して「交流・連携・協働」による地域づくりを推進している。

　住みよさで選ばれるためには、暮らしと密接に関係する「働きやすさ」が重要になると考え、中野市における「働きやすさ」とは何かを研究し、働く人一人ひとりの働き方改革に資するだけでなく、「働きやすいまち」を実現するための地域の特性を生かした、中野市だからこそできるワークスタイルを提案し、「信州中野モデル」の働き方を創出したい。

第1　人生100年時代の働き方「信州中野モデル」

　人口減少社会を背景とした地方創生は、出生数が死亡数を上回る人口の自然増が見込まれない中、いかにして転出者を抑え、他の自治体からの転入者を増やすかを目指す自治体間競争の様相を呈している。財政規模が大きい自治体に有利な金銭的なメリットを住民サービスに掲げているだけでは、小規模自治体の将来の展望は悲観的にならざるを得ない。

　しかし、自治体の希望のある未来を創造することは、自治体職員の責務であ

る。私たちの住むまちの良さとは何か、このまちの地域特性を生かしたライフスタイルとは何かを探求することが、私たちに課されたテーマであると思い至った。それが、人生100年時代の働き方「信州中野モデル」である。

1　中野市の将来人口推計

中野市の人口は、2000（平成12）年の47,845人をピークに人口減少に転じ、2040年は35,000人弱まで減少し、高齢化率は1980（昭和55）年の11.7％から2040年には37.6％まで上昇すると推計されている（**図表２－２８**）。

また、生産年齢人口の減少と要介護者の増加などによる労働力の減少が今後顕著になってくると見込まれるため、高齢者の就業促進や、介護離職、子育て離職をなくすための柔軟な働き方による労働力の確保と労働生産性の向上は、取り組むべき課題である。

図表２－２８　年齢３区分別人口構成の推移

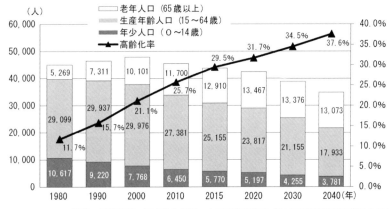

出典：国勢調査、国立社会保障・人口問題研究所「日本の地域別将来推計人口」

2　人生100年時代とは

(1)　長野県の平均寿命

2017（平成29）年12月に厚生労働省が発表した「平成27年都道府県別生命表」によると、長野県民の平均寿命は、男性81.75年（全国２位）、女性87.675年（全国１位）となっている。一方、1965（昭和40）年の長野県民の平均寿命は、男性68.45年、女性72.81年であり、50年間で男性13.3年、女性14.865年も平均寿

命が延びている。国立社会保障・人口問題研究所の推計結果においても日本の平均寿命は2060年には男性84.19年、女性90.93年となり、女性は90年を超えると見込まれている。

(2)　100年時代の人生戦略

　このように平均寿命が延びると、100歳を超えて生きることを前提に人生設計をする必要が生じてくる。日本政府は、2017（平成29）年に開催した「人生100年時代構想会議」において、今後見込まれる超長寿社会の新しいロールモデルを構築する取組を始めるとしており、人々がどのように活力を持って時代を生き抜いていくかを最大のテーマとしている。これは単純に80歳代まで働く必要があるという問題だけでなく、いかに充実した生活を送ることが可能であるかが本質的な問題であろう。この点について、『ＬＩＦＥ　ＳＨＩＦＴ』の著者であるリンダ・グラットンは、これまで当たり前とされてきた教育、仕事、引退の人生の「3ステージ」から脱却し、「マルチステージ」の人生を送ることを提言している。これは、皆が同じ時期に同じことをする、つまり「一斉行進」することをやめ、一人ひとりが自由な選択と自由な意思で自らの人生をデザインすることにほかならない。その目的は、人生100年時代において、あらゆる人が学び、働き、家族、友人、自治体、政府などのあり方を変化させながら幸福を追求することであろう。

(3)　中野市における人生100年時代の働き方

　多くの人がこれまでの「一斉行進」をやめるとすれば、社会も新しいライフスタイルを受容するだけの柔軟性を持たなければならない。一方で、どのようなライフスタイルを送るのかを示すロールモデルも求められるに相違ない。これらの観点から考えると、人生のどの段階でも自由に選択し、柔軟に働くことができるワークスタイルはどのようなものがあるだろうか。幸い私たちの住んでいる地域は、豊かな自然と職住近接といった恵まれた住環境にある。地域を見渡すと果樹、きのこ、米、野菜といった多種多様な農産物を生産するインフラが十分に整備されている。農業に従事することは、古の時代から人間の生活の一部であり、生きる糧を生み出す生業であった。人生100年時代の今こそ、あ

らゆる人が好きな時に、柔軟に農業に従事でき、そのことを通して多様な人的ネットワークを獲得し、充実した生活を送ろうとするライフスタイル、いわゆる「農ある暮らし」が一つのロールモデルとして注目できるのではないだろうか。中野市においてどのようなワークスタイルを思い描けるかを掘り下げて論じてみたい。

3　中野市の産業構造と特徴

りんご・もも・ぶどうを中心とした果樹やえのき茸・ぶなしめじ・エリンギなど菌茸類など全国でもトップクラスの品質と生産量を誇る中野市の産業構造は、第1次産業23.8％と長野県9.3％の約2.6倍、全国3.9％の約6倍となっている。

また、産業の特化係数(＊を長野県と比較すると、男女とも農業・林業の就業者数の多さから、農業・林業が最も大きい値となっており、このことからも中野市は農業が基幹産業であるといえる。

中野市の産業別の売上高を見ると、中野市の売上高総額173,834百万円のうち、製造業が57,306百万円、次いで卸売業・小売業が42,233百万円、建設業の25,667百万円と続き、農林業は15,329百万円となっている。

中野市の農家数は、2015年農林業センサスでは、総農家数1,900戸のうち主業農家数は682戸で35.9％、準主業農家数は331戸で17.4％、副業的農家数は887戸で46.7％となっており、主業農家の割合は長野県の18.9％、全国の22.1％を大きく上回っている（**図表2－29**）。

しかし、2000（平成12）年と比較すると農家数全体では－560戸（－22.8％）、うち主業農家数－495戸（－42.1％）、準主業農家数－321戸（－49.2％）と減少している。一方、副業的農家数は＋256戸

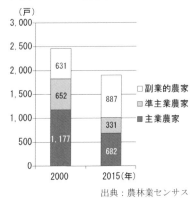

図表2－29　農家数推移

出典：農林業センサス

(＊　特化係数：中野市のある産業の業種の構成比が長野県と比べてどれだけ乖離しているかをみる指標。就業者の比率で算出。1.0を上回る業種は特化しているといえる。

（＋40.5％）と増加しており、さらに、遊休荒廃農地は市の調査によると569haに増加している。これは市の面積の約5％に相当し、農業を基幹産業とする中野市においても、後継者問題は非常に大きな課題であるといえる。

4　「農ある暮らし」に関する考察

「農ある暮らし」を考察するに当たって、中野市の沿革をたどりながら、この地域の変遷を踏まえ、歴史的、社会的、経済的に農業がどのような位置付けであったのかを改めて振り返りたい。このことは、中野市の農業が持つ現代的な魅力と将来の展望を描くためにも、不可欠かつ効果的な作業であろう。時間軸を捉え、多面的、根本的に考察することが有益な指針をもたらすと考える。このような手法から人生100年時代のロールモデルとして「農ある暮らし」のワークスタイルを導き出したい。

(1)　農業先進地としての中野市

中野市は、長野県内や全国的に見ても農業の先進地である。中野市の農業は、昭和20年代では水稲を中心に、養蚕、ホップ、りんごが基幹部門であった。昭和30年代は、りんごを中心に、もも、ぶどうが導入され果樹農業が急速に進展した。昭和40年代になると、りんご価格の低落や米の生産調整により、えのき茸の栽培が飛躍的に伸びた。農業粗生産額は、1970（昭和45）年にはえのき茸が1位になり、1975（昭和50）年以降は半分近くを占めるようになった。またアスパラガスの主要産地になるなど、中野市の農業は、常に新しい商品作物を導入する機運が強かった。特に果樹の多角経営を志向し、困難とされてきた巨峰の栽培技術を確立して、中野市を全国的な農業先進地としていった。豊田地域においても米の生産調整によりりんごを中心とした果樹栽培への転作が進み、冬季副業としてのえのき茸栽培が普及していった。

果樹生産が盛んな平岡地区やえのき茸生産が盛んな延徳、平野、高丘地区は、主業農家が多く生産性の高い農業を営む農家が多い。しかし、りんご生産の低迷や米の生産調整政策の反映として兼業化の流れは進行し、農業経営の多様化と相まって、農業従事者の減少、高齢化、遊休荒廃農地の増加などが課題となっている。

近年、中野市農協ぶどう部会は、全国に先駆け「シャインマスカット」を導入し、ぶどう販売が低迷していた産地の再建と農家の所得拡大が評価され、2017（平成29）年2月に日本農業賞の「大賞」を受賞した。日本農業賞は、ＪＡ全中と日本放送協会が主催し、意欲的に経営や技術の改善に取り組み、地域社会の発展に貢献している個人・団体を毎年表彰している。ぶどう部会は31年前の1985（昭和60）年にも「巨峰」への取組が評価され大賞を受賞しており、今回で2度目の受賞となった。世代を越えて表彰されたことは、中野市農業の底力を全国に響かせる歴史的快挙といえる。

農業の「働き方改革」を推進するため、ＩＣＴやロボット技術等を活用する効率化・省力化した「スマート農業」が必要とされている。パソコンやスマホ操作を中心とした栽培管理や栽培技術の見える化とロボット技術の活用により、無人機械化、労働負担軽減、作業者の能力向上につなげようとするものである。中野市で盛んな果樹農業を例にすると、労力が必要な収穫作業の負担軽減を図るため、人工知能を活用した樹種間で共通して利用可能な収穫ロボットの開発が進められている。これが実現すれば、収穫に係る労働時間を50％削減できるとされている。

(2) 農業に関する懇談会・ワークショップ

中野市では、2017（平成29）年11月に市内10地区ごとに農政懇談会を開催し、農業経営体（地域の中心となる農業者）と行政による地域農業の課題等についての話し合いを行った。そこで出された意見・要望は大きく次に要約できる。

①高齢化による荒廃農地拡大への対策について
②後継者不足と新規就農者への対策について
③果樹農業における農地集約の困難について
④農業機械の高額化と農地（畑かん）の維持負担について
⑤行政の経済的支援について

このように、農業者の高齢化による人手不足と経済的理由から農地の維持の困難さといった大きな課題が見えてくる。中野市特有の果樹農業の農地集約化の困難さもある。これらの課題解決につながるような「農ある暮らし」のワークスタイルを検討する必要があるといえる。

また、中野市政策研究所では、「農ある暮らし」とはどのようなものかを考え、魅力ある中野市の農業について話し合うため、農協職員、県職員、地域おこし協力隊、市職員が集まり、異業種交流ワークショップを開催した。参加者それぞれが感じている中野市の農業の強みとして、シャインマスカットに代表される付加価値の高い農産物により稼げること、稼げる農家には若い農業後継者がいること、専業として農業をすることにやりがいがあることが挙げられている。一方、農業への新規参入の壁として、農業用機械などの初期投資が高額であることや経営者として働くことのリスクを嫌う傾向があることが挙げられている。いずれも、「稼げること」に農業の魅力があるとの意見が多かったが、都市からの移住者の方は、自然豊かな地域で農業ができるだけでぜいたくな環境に見えるとの感想が聞かれた。このことにより、都市住民と農村地域をつなぐプラットフォームのような仕組みが必要ではないかと考える。そこに地域住民も参加し、様々な支えの中で農業に従事する人が増える、そんな青写真が描けるのではないか。

「農ある暮らし」を考えるワークショップに先立ち、市農協の幹部職員にインタビューする機会を持つことができた。農協の役割を聞くと、「組合員が稼げるようになること」という強い信念を感じた。農協は、幅広く事業を展開しており、部門によって仕事は様々であり、閑散期には週休3～4日の勤務になるなど業務によって柔軟な働き方を実践していることが分かった。

(3) 「農ある暮らし」のワークスタイル（図表2－30）
① 「稼げる農業」＝「農ある暮らし①」

ワークショップやインタビューを通じて、農業は「稼ぐこと」が魅力につながり、働く人を引き付けることが分かった。したがって、「農ある暮らし」の一つの柱として「稼げる農業」を掲げたい。これは、主業農家として専業化、法人化により生産規模を拡大し所得拡大につなげることで、「稼げる農業」を体現し、魅力ある職場をアピールし、持続可能な農業経営を実現することができるであろう。これは既に実践している農業者も存在するし、経営者の意識改革などの農業の働き方改革を進めることも求められるであろう。ここで課題となるのは、通年又は農繁期における人手不足をどのように解決する

のかということにある。

②　「サポートする農業」＝「農ある暮らし②」

このような主業農家の懸案である人手不足をあらゆる人がサポートすることが、２つ目の「農ある暮らし」のイメージである。あらゆる人とは、企業社員や公務員、主婦や学生、旅行者だっていい、余暇を利用してもいいし、体力づくりやレジャーとしてのアクティビティでもいいと思う。それには、農業体験を希望する人を受け入れるプラットフォームが必要である。一つの考え方として、ＮＰＯ法人を立ち上げ（又は現にある団体が）プラットフォームを運営することが、市民協働の観点からも望ましい。場所として行政が整備する市民農園を活用する方法、指導体制として県や農協の技術員を活用する方法、資金調達として市内金融機関を活用する方法など地域のステークホルダーが協力・連携して事業に取り組むことが必要であろう。

③　「癒される農業」＝「農ある暮らし③」

これは、経営度外視のあくまでも趣味の世界での農業への関わり方もあってもいいであろう。猫の額ほどの家庭菜園や道端のスペースを活用した花壇、日常的に土に触れることに喜びを感じる生き方である。それは、「稼ぐこと」ではなく「生きる喜び」を重視したライフスタイルといってもよい。そこに一つのエッセンスを加えるとすると、まちの風景、景観をつくる役割を持たせ、空間を演出するデザインを生み出せないかと考える。例えば、家庭菜園共通のロゴマークを掲示することや「農ある暮らし」の実践している認証制度を導入してアピールする方法などが考えられる。このことは、農業ファンを増やすことや地域への愛着を深める端緒としても効果が期待できるのではないか。

図表2－30　「農ある暮らし」のイメージ

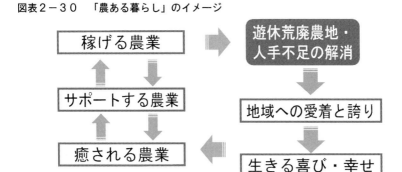

(4) 「農ある暮らし」がもたらすもの

　地域住民や都市住民が農業に魅力を感じ、従事する人が増えることによって期待できることは、農業の人手不足の解決ももちろんあるが、やはり突き詰めれば遊休荒廃農地の解消に尽きるであろう。農地の保全は、食糧生産機能の維持の点から極めて重要な政策課題である。農家の高齢化が進んでもこれを補う農業をサポートする体系が構築できれば、積極的な荒廃農地の活用につなげることも可能であろう。それには、新技術の導入というよりは、若者を中心とした農村回帰の志向をより一層加速することで成し遂げるのではないか。それには繰り返しになるが、農業の魅力の掘り起こしと広く情報発信することに力を注がなければならない。農業の先進地域を築き上げた先人の苦労に心をしのばせ、地域への愛着と誇りを今こそ市内外へ波紋を起こすことが求められているのではないか。

(5) 副業としての農業

　「農ある暮らし」は農業が本業であってもいいし、副業的な働き方であってもいい。私たちが副業を通して「充実した生活・人生」を送るためには、次の発展的なモデルがあると考えた（**図表2－31**）。第一段階では、「副業」は副収入を得ることが主目的であり、あくまで本業が主体であり経済的理由を動機として従事する働き方である。第二段階になると、「複業」は複数の職業に従事し、それぞれが相乗的に効果を発揮し、高い成果を生みだす働き方である。そして、第三段階では、収入よりも働くことを通して心の満足度を高めることを

重視し、それを感じることができる様々な活動に従事することで生活・人生を豊かにする働き方である。副業の働き方は、ライフステージに応じて自由に選択できることが望ましい。そのために働く側、雇用する側の双方が、従来の労働慣習や労働環境を柔軟に変えていくことが必要である。より幸福な働き方である「福業」に近づけることにより、働くことへの満足度が高くなり、企業、自治体の人財としての成長につながるのではないか。

図表2－31　副業の発展的モデル

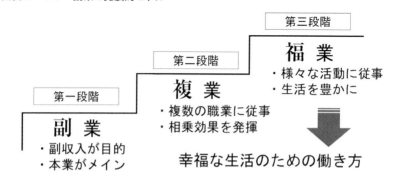

5　「信州中野モデル」構築への提案

中野市における人生100年時代の働き方として「農ある暮らし」のワークスタイルを幸福な「福業」スタイルとして論じてきた。中野市の地域特性を生かした「農ある暮らし」を実現するためには、あらゆる人があらゆるライフステージにおいて農業に関われるプラットフォームを構築することが必要である。ここでは、「農ある暮らし」のプラットフォームとしてどのようなものが構想できるか検討したい。

(1)　「農ある暮らし」が目指すもの

「農ある暮らし」は、自営業者、企業社員、公務員、主婦、学生、旅行者などあらゆる人が年少期、若年期、壮年期、老年期といったあらゆるライフステージにおいて農業に関われるライフスタイルである。これらの人が好きな時に好きな場所で気軽に農業に関われるような環境を整備するために、それを受け入れる基盤としてのプラットフォームにはどのような形が考えられるだろうか。

(2) 「農ある暮らし」プラットフォーム

　プラットフォーム構築には、「農ある暮らし」は住民などあらゆる人が主体となるため、ＮＰＯなどが中心となり、それを農業団体、金融機関、行政などが人材、設備、資金面で支援していく体制が、協働の地域づくりを進める上で必要であろう。事業者は、農業体験や企業連携、情報発信などを実施し、「農ある暮らし」を希望する人を積極的に受け入れ、「稼げる農業」「サポートする農業」「癒される農業」を有機的に推進していく。

(3) 「信州中野モデル」の働き方

　このような「農ある暮らし」のワークスタイルを「信州中野モデル」として提案したい。中野市は、それを実現するだけの自然、歴史、文化的なポテンシャルが高く、「稼げる農業」で若い後継者が育ち、田園回帰を希望するなど「農ある暮らし」に魅力を感じる若い世代も増えてきている。私たちが住む中野市が、これからの時代を自然も人も豊かで、健康で、交流を生む地域になることをこの「信州中野モデル」により実現することを切に願う（**図表２－３２**）。

図表２－３２　「農ある暮らし」の福業スタイル

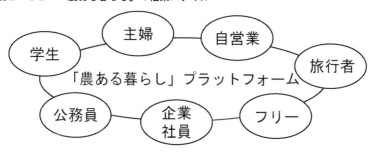

第２　「働き方改革」に関する調査研究

１　信州中野モデルを実現するために

　第１では、農業を基幹産業とする中野市で、「中野市らしさ」を維持していくため、自分のライフスタイル・考え方にあった農業との関わり方をしていくこ

とを提案した。

　第１で提案した「信州中野モデル」を実現するためには、本業の傍ら農業に携わるための"働き方改革"の取組が必要となる。

　ここでは、「信州中野モデル」を実現するため、まず市役所から実践しようと考え、国の動向、国や地方自治体、企業での取組事例の調査研究を行い、市役所にあった働き方改革を提案する。

2　働き方改革の取組

(1)　県内企業の労働力の現状と働き方改革の取組

①　県内企業の労働力の現状

　まず、県内企業での労働力の現状について把握してみたい。一般財団法人長野経済研究所が行った「長野県内企業の人手不足の現状と影響に関する調査」結果によると、

- ・従業員が不足していると回答した企業…48.3％
- ・人材を確保できていないと回答した企業…48.5％
- ・人手不足により事業に影響が出ていると回答した企業…36.2％

となっており、既に企業では人材の不足感が強くなってきていることがうかがえる。

　また、人材の今後（３年程度後）の充足見通しについては、約６割の企業で人材不足が継続するとの見通しを持っている。

　人材の確保・定着に向けた対応策については、「業務の効率性を高める」が57.0％と最も多く、次いで「（労働時間、職場環境など）労働条件改善」が45.1％、「（未経験者、女性、高齢者、外国人に）対象拡大」が36.5％、「賃金引き上げ」が29.1％となっており、企業は、業務の効率化を進め、働きやすい職場環境に改善することなどが必要であると捉えている。

②　県内企業の「働き方改革」の取組事例

　2017（平成29）年８月29日に行われた、一般財団法人長野経済研究所が主催する「働き方改革」を考えるシンポジウムに参加した。

　課題としては、導入した制度を定着させることだと認識しており、休暇取得率を上げるために、誰がどうカバーするかのバックアップ体制に頭を悩ま

せているとのことであった。また、中小企業が大手に負けずにイノベーションを起こしていくために人材育成の重要性を強く説いていた。どの経営者にも共通していることは、従業員が意欲を持って、働きやすい職場にすることは、企業として成長していくための重要なカギであるとの認識を持っていた（**図表2-33**）。

図表2-33　県内企業の働き方改革の取組状況

業　種	経営者の思い	取組事例
靴専門チェーン	一人ひとりが最大限の能力を発揮できる環境を作るため、トップダウンだけでなく従業員からの知恵や意識改革が必要	有給休暇の取得促進に伴うITの活用。非正規から正社員への登用制度導入
メンズシャツメーカー	多品種少量生産にはベテラン社員が不可欠。長く働ける環境づくりが必要	能力のある人にしかるべきポジションを与える。社内ではお互いを「さん」づけで呼ぶ
金属プレス製品加工メーカー	「社員は家族」社員が楽しく幸せに働ける会社づくり	スキルアップのための学習時間を労働時間とする制度（月10時間まで）

出典：長野経済研究所「働き方改革を考えるシンポジウム」

(2)　県外企業の働き方改革の取組状況

　2017（平成29）年10月25日に行われた、横浜市が主催し、川崎市と地域ダイバーシティin横浜が協力した働き方改革セミナーに参加した。

　運営側によると、参加団体（約177団体）への事前アンケートの結果より、参加団体における働き方改革の進捗状況は、「かなり進んでいる」が約20％、「やる気はあるが進んでいない」が約75％、「やる気もなく進んでいない」が約5％とのことであった。

　加えて、社内意識の面で働き方改革が進まない理由（複数回答可）は、「生産性に対する社員の意識の低さ」が約60％と最も多く、次いで「長時間勤務を評価する風土」「トップのコミットメントがない、現場に伝わっていない」がともに約25％とのことであり、「生産性に対する社員の意識の低さ」が大きな障壁となっていた。

(3) 国、地方自治体の働き方改革の取組

国、地方自治体の働き方改革の取組事例調査、文献調査を行い、データベースを作成した。その中でも特に多い取組事例について言及する。

調査の結果、時差出勤制度やフレックスタイム制等の時間的裁量を与える制度を導入した団体（静岡県、甲府市等）が非常に多いことが分かった。次いで「働き方改革」推進チーム等の設置や推進案等の策定をする団体（長野県、川崎市等）が多く、働き方改革への足掛かりにする意図があると考えられる。

その他、ＩＣＴ（情報通信技術）を積極的に導入、活用している団体（中央省庁、栃木市等）や、職員提案制度のリニューアル、業務改善の発表会等の導入により職員の意識改革を促しつつ業務改善を行う団体（茨城県、長野市等）、規定時刻での完全退庁等の労働時間に制約を設ける団体（笠間市、豊島区等）も多いことが分かった。

取組団体は多くはないものの、「10月異動」、「公共的副業の促進」など、各団体の特徴に合わせた、生かした取組も多く見られた。

ここで中野市について考えてみると、中野市ではプレスリリース等はしていないものの、「NO！残業DAY」、「YouQ！フライデー」、午後6時半自動消灯、無線ＬＡＮ、タブレット端末導入などはすでに行われており、新庁舎への移転を機会として自然と働き方改革の取組がなされていると考えられる。

3　市役所の働き方の現状から見える課題・要因分析

市職員の働き方の現状と意識について把握するため、各種調査・ワークショップを実施した。

(1)　市職員アンケート調査

(2)　時間外勤務状況及び年休取得状況調査

(3)　若手職員ワークショップ

(4)　理事者・管理職・監督職インタビュー調査

上記(1)～(4)の結果から見える課題及び要因分析を以下に示す。

課題①

正職員一人当たりの年間時間外勤務時間に課ごとで大きな差異があること、職員アンケートでサービス残業等を含む一月当たりの時間外勤務時間が

40～80時間と回答した割合が約８％であること、若手職員ワークショップで
いくつかの課は特に残業が多いという意見が散見されたことから、「一部の
課、職員に業務負担が集中している」可能性がある。

要因分析①

　最初に、真に必要十分な「業務の量」と「業務の質」に対して、「適当な人
材（人員構成）」が「適当な人数」配置されていれば、「一部の課、職員に業
務負担が集中している」という事態は起こり得ない、ということを念頭に置
いておきたい。

　そこで、まず原因として「人員の配置状況が最適でない」ことが考えられ
る。時間外勤務状況調査を行うに当たり担当課に集計データの提供要請を
行ったが、人員配置において考慮すべき勤怠状況の管理が十分ではなかった
ことも、上記の見解を支持する。

　ただし、これはあくまで課ごとで業務負担の平準化ができていない原因で
あり、「時間外勤務が存在する」「業務量が多い」「人手不足」といった根本的
な課題の原因ではない。なぜならば、複雑化していく今現在の業務を、年々
減少する職員で分担すれば、業務量や時間外勤務が増加するのは必然だから
である。

　では、なぜ「人員の配置状況が最適でない」のか。その原因としては、各
課で真に必要十分な「業務の量」と「業務の質」が精査されていないこと、
そして正確な情報が理事者・管理職・人事担当者（以下「経営者側」という。）
へ正しく伝達・把握されていないことが考えられる。というのも、「人員配置」
とは人材の持つパフォーマンスやポテンシャル、業務適性、経験などの人材
特性を十分に考慮した上で、キャリア形成や人材育成など将来的な視点を踏
まえて行う、戦略的人事異動を指す人材マネジメント用語であるが、これを
現場の正確な業務の量と質の情報なしに最適に行うのは困難だからである。
また、(3)、(4)の結果より、職員は自ら業務改善や職場環境改善を行う意識
が少なく上司に委ねていること、経営者側はそれぞれの現場で職員自ら業務
改善や職場環境改善を行うことを期待していたことも、上記の見解を支持す
る。

課題②

課ごとの各月の時間外勤務状況調査結果から、「一部の課において、特定の期間に業務負担が集中している」可能性がある。

要因分析②

この原因としては、「突発的な業務」や「季節的な業務」があるといったことが考えられる。「突発的な業務」については、職員アンケートで残業をする理由に「突発的な業務がある」と回答した割合が51%であることから推察される。また、実際に８月の災害発生時と10月の衆議院議員選挙時に関係部署の時間外勤務時間が多くなっていることも、この見解を支持する。

「季節的な業務」については、除雪、申告相談、各種イベント等がある月に関係部署の時間外勤務時間が多くなっていることから推察される。また、「突発的な業務」とは異なり、職員アンケートで「業務の繁閑が大きい」と回答した割合が15%（７人に１人）であることも、一部の課において特定の期間に業務負担が集中している、ということを表していると考えられる。

課題③

正職員一人当たりの年間年休取得日数に部署ごとで大きな差異があること、職員アンケートで過去一年間の年休取得日数が０〜５日と回答した割合が約30%であること、若手職員ワークショップで休暇が取りやすい部署と取りづらい部署があるという意見が散見されたことから、「一部の部署、職員は、年休を取得しづらい環境におかれている」可能性がある。

要因分析③

この原因の一つとしては、ある部署において職員の頭数が少ない、フォロー体制が悪い、若しくは休暇が取りづらい雰囲気である、ということが考えられる。これは年休取得日数の少ない部署の大半は所属人数や正職員数の少ない部署であること、職員アンケートで「職場のフォロー体制に満足していない」と回答した割合が37%であること、また、年休を取得しない（できない、しづらい）理由について、「仕事量が多く余裕がない」及び「他の日に残業することになる」と回答した割合はそれぞれ約30%、「代わりの人がいない」と回答した割合は約20%、職場の雰囲気及び意識に関わる内容の「理由がないと取りづらい」及び「職場に迷惑をかける」と回答した割合はそれぞれ約25%

であったことから推察される。

　一方、ある程度の頭数があるにもかかわらず年休取得日数の少ない部署については、「業務量が多い」「人員不足」（若しくは業務改善ができていない、フォロー体制が悪い）が原因だと考えられる。なぜならば、前述の部署は時間外勤務時間も多い傾向にあり、単純に業務負担が集中していると推察されるからである。また、職員アンケートで「仕事と生活の両立ができていない・ややできていない」と回答した割合が23％であることも、上記の見解を支持する。

課題④

　職員アンケートで「現在、仕事と生活の両立ができていない・ややできていない」と回答した割合が23％であること、若手職員ワークショップで一部の部署では肉体的かつ精神的な負担が大きいという意見があったこと、事実としてメンタルヘルスの不調を原因として業務に支障をきたす、休職する等の職員がいることから、「メンタルヘルスに不調をきたすリスクが存在する」。

要因分析④

　この原因としては、厚生労働省が行った2016（平成28）年労働安全衛生調査（実態調査）の結果から、強いストレスとなっている事柄は、第一に「仕事の質・量」、第二に「仕事の失敗、責任の発生等」、第三に「対人関係（セクハラ・パワハラを含む）」であると考えられる。また、「一部の課、職員に業務負担が集中している」可能性があること、失敗や責任を深く追及される職業柄であること、若手職員ワークショップで「働く上で人間関係は重要である」と考える職員が非常に多かったことも、この見解を支持する。

課題⑤

　若手職員ワークショップの結果より、職員は上司に働きやすい職場環境を作ること、適切な業務分担、人事評価、教育研修を行うこと、適切な時期及び適材適所な人事異動を行うことを期待している。理事者・管理職・監督職インタビュー調査の結果より、経営者側は、それぞれの現場で職員自ら業務改善及び職場環境改善、意識改革を行い、職務遂行能力の向上を期待している。以上のことから、「業務、人材、職場について、職員が経営者側に求めるものと、経営者側が職員に求めるものにギャップがあり、ちぐはぐであり、

他人任せである」という課題がある。

要因分析⑤

　この原因としては、教育研修や職場環境改善等については、経営者側は職員のニーズを捉えきれていない、職員は受け身になりがちで経営者側にニーズや意思表示が足りないということが考えられる。

　人事異動や職場環境改善等については、経営者側の意図や思いが現場の末端まで伝わっていないということが考えられ、これがすれ違いの要因になっていると推察される。

　業務及び職場環境改善については、職員が自らも行うべきものだという意識が少ないということが考えられる。

　このような課題を放置すると、短期的な視点では、心身両面の理由から療休・休職・退職者が増加する、忙殺されて業務改善に着手できない、生産性やモチベーションが低下するといった問題が生じると考えられる。長期的な視点では、超高齢化社会の到来とともに、職員数は減少、働き方に制約のある職員は増加、市民ニーズはより複雑化する見込みである。それにより、一部の部署、職員へ業務負担がさらに集中する、働き方に制約のある職員は退職せざるを得なくなる、市民ニーズに応えられなくなるといったことが生じると考えられる。

4　課題解決のための施策提案

　これまで論じてきた市役所の働き方について、職員のモチベーションを維持し、生産性を向上させるために、どのような課題解決策があるかを検討したい。検討に当たっては、国や他の自治体の先進事例を参考にしながら、市役所の働き方を変え新しいことにチャレンジする職員が育つことを狙って、数ある施策の中から3つの施策を抽出し提案したい。

(1)　「メンター制度」〜対話型コミュニケーション醸成による人材育成

　市役所の働き方の現状から見える課題の中で、上司部下間のコミュニケーションギャップとも呼べる意識のズレ、ちぐはぐな関係性が浮かび上がってきた。これを解決するための施策として、「メンター制度」の導入を提案したい。

メンターというのは、助言者という意味である。具体的にいうと、先輩職員が後輩に対し、公私を隔てず対話による指導や助言を行う制度である。例えば、入庁2〜3年の若手職員を入庁10年前後の中堅職員がサポートすることにより、悩み事を相談するなどメンタルヘルスの改善につながり、職員双方のスキルアップ等の人材育成を図られることが期待される。この対話型の人材育成が普及することによって、職員間の意思疎通が図られ、相互の学び、気付き、共感により、目的意識を共有した人材、組織づくりにつながるのではないか。

(2) 「サテライトオフィス」〜柔軟な働き方による事務効率化と意識改革

次の課題として挙げられるのが、人口減少に伴う職員数の減少や市民ニーズに複雑化が見込まれる中、柔軟な働き方を可能にすることにより、事務の効率化を図る必要がある。これらを解決する手段として、「サテライトオフィス」の設置を提案したい。「サテライトオフィス」とは、自宅が近いところで勤務するなど時間や場所を有効に使う働き方である「テレワーク」の一形態である。例えば、本庁職員が支所で働けるようにすることで、限られた時間で業務を完了させるなど職員の意識改革につながることが期待できる。この柔軟な働き方は、あくまでも選択制であり、出張時の隙間時間を使って勤務する場合やある業務に集中して勤務したいとき、都合により自宅に近い職場で勤務したいときなどに利用できるものであることが望ましい。

(3) 「一週間連続休暇」〜非日常体験でリフレッシュと創造的発想の獲得

最後に、事務の効率化と併せて職員が自ら業務改善や職場環境改善を行う意識を持つことが必要になってくる。しかし、業務に忙殺され休暇も取れず、時間外勤務も多い職員がいる中、メンタルヘルスに不調をきたすリスクが増大することが懸念される。このような状況を解決するために、「一週間連続休暇」の取得を提案したい。狙いとしては、もちろん十分なリフレッシュをすることがあるが、特に旅行や自己啓発などの非日常体験をすることにより、日常では生み出しにくい創造的な発想力を獲得する効果が期待される。「一週間連続休暇」

は原則職員全員の取得を目指し、年度当初に計画をたて、組織ぐるみで取り組むことが望ましい。人口減少社会といった時代の変化や市民ニーズの多様化に対応するためにも、自ら新しいことにチャレンジする職員の資質を開発するためにも有効な施策であると考える。

(4) 人生100年時代の職員像〜地域の新しい働き方を進める「人財」へ

これまで提案した施策はあくまでも新しい働き方を進め、より柔軟で活性化した人材、組織をつくるための手段である。人材育成には、「多様性」、「自己啓発」、「能力開発」の３つの視点が重要である。市職員は、さらに「公益的副業」に取り組むことが必要ではないかと考える。「公益的副業」は、先述した奈良県生駒市でも推進されており、中野市においても「農ある暮らし」や地域活動、ボランティア活動に積極的に参加することにより、市民ニーズに応え、成果を上げる職員の成長へとつながるのではないか。今後、超長寿社会を迎えマルチステージな生き方が必要になり、「農ある暮らし」を実践する職員が、地域づくりに貢献し、地域への愛着を持ちながら、地域の新しい働き方を進める「人財」となることを人生100年時代の職員像として思い描いている（**図表２−３４**）。

図表２−３４　人生100年時代の職員像

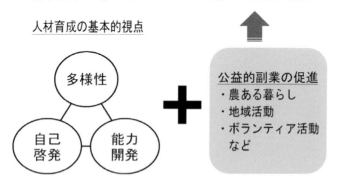

第2節　平成30年度研究

1	# 地域コミュニティの現状と課題

第1　調査概要

1　調査研究の背景と目的

　国立社会保障・人口問題研究所の「日本の将来推計人口（平成24年1月推計）」によると、我が国では、50年後に総人口が現在の約3分の2まで減少し、65歳以上の割合が4割近くにまで増加するといわれている。進学等に伴う若年層を中心とした人口流出をはじめ、構成員の固定化、高齢化や過疎化等による組織疲労、存続の危機は当市においても例外ではなく、地域コミュニティ（ある一定範囲において、共同で共通の課題を解決する、世帯を最小単位とした人々の集合。以下、コミュニティ）においても同様で、世帯数が人口とともに減少することで、近所付き合いの希薄化が拡大し、孤独死が誰にも気付かれずに放置される、犯罪や事故の抑止力を担う「住民同士の声かけ」が少なくなるなど、安心して暮らせないコミュニティというイメージが定着するおそれがある。このように、地域コミュニティの衰退は、生活ルールや災害時の情報共有、イメージダウンなど様々な問題を生み出し、やがては市全体のイメージダウンへと拡大し、将来的には移住・定住人口の減少、税収減等にもつながるおそれがあり、自治体の安定した財政運営への悪影響も懸念される。

　本研究では、統計的手法による地域特性の分析及び地域の分類化を試み、住民の意見を踏まえ、地域の諸課題を洗い出し、考察と分析を行う。そして、コミュニティの維持、発展のための有効な方策を明らかにする。

2 調査研究方法

本研究は、2015（平成27）年国勢調査の結果を使用し地域特性の分析を行うほか、全行政区の区長を対象にアンケート調査を実施することにより、コミュニティが抱える諸課題や展望等を明らかにする。加えて、文献や既存資料、先行事例等を分析することで中野市において実用できる方策を研究する。調査・研究項目は次のとおり。

① 11小学校区ごとの地域特性を、統計的手法を用いて分析する。
② 全76区にアンケート調査を行い、地域の諸課題等を集計しデータ化する。

第2　中野市における地域コミュニティの現状と課題

1　11小学校区における統計的地域特性の分析

地域ごとの特性を明らかにするため2015（平成27）年国勢調査の結果を用いて小学校区ごとの比較分析を行った（**図表2-35**）。

図表2-35　小学校区別地域分析

地区		中野	日野	延徳	平野	高丘	長丘	平岡	科野	倭	豊井	永田
人口		14,188	2,161	3,259	7,916	3,488	1,366	4,304	1,609	1,377	2,754	1,487
世帯数		5,359	736	1,156	2,758	1,158	414	1,403	510	460	825	469
※1 年齢別人口割合	年少人口	14.3%	9.5%	12.0%	15.9%	12.2%	11.9%	13.8%	10.8%	7.5%	9.7%	10.8%
	生産人口	57.5%	54.0%	58.2%	62.2%	58.6%	54.9%	56.1%	55.1%	51.3%	53.5%	49.0%
	老年人口	27.9%	36.3%	29.7%	21.6%	29.1%	33.2%	30.0%	34.1%	40.9%	36.7%	40.1%
家族類型別割合	単独世帯	27.4%	20.0%	20.3%	21.1%	16.7%	11.6%	18.0%	16.1%	16.3%	17.1%	18.6%
	夫婦のみ	19.2%	20.4%	21.3%	18.9%	20.8%	21.3%	19.2%	17.1%	23.3%	20.1%	18.3%
	夫婦と子ども	28.4%	22.6%	26.9%	33.8%	28.3%	26.1%	27.7%	23.9%	18.0%	25.3%	22.2%
	ひとり親と子ども	9.5%	8.6%	10.1%	9.6%	8.4%	8.5%	8.1%	11.0%	8.9%	9.9%	11.1%
高齢単身者 ※2割合		13.8%	12.1%	8.8%	8.7%	8.6%	6.6%	10.1%	7.8%	9.4%	8.5%	10.9%
居住期間別人口割合	1年未満	5.4%	1.1%	2.7%	6.3%	3.1%	2.3%	2.9%	0.9%	1.7%	4.4%	2.2%
	1年以上5年未満	15.5%	5.2%	9.3%	15.8%	8.0%	6.7%	9.7%	5.0%	4.0%	9.7%	8.6%
	5年以上10年未満	11.6%	7.5%	9.1%	12.5%	9.3%	5.4%	8.7%	4.8%	5.3%	7.6%	6.6%
	10年以上20年未満	15.5%	13.6%	15.5%	16.8%	13.1%	10.6%	14.0%	9.8%	7.8%	12.9%	12.0%
	20年以上	33.7%	43.4%	37.6%	28.4%	38.6%	38.1%	35.7%	38.7%	42.7%	35.7%	35.1%
	出生時から	18.4%	29.2%	25.8%	20.2%	28.0%	36.8%	28.9%	40.9%	38.5%	29.9%	35.5%

※1　各割合は、「不詳」「その他」を含まないため、合計が100%にならない箇所があります
※2　高齢単身者…65歳以上の独り暮らし

【中野地区】12行政区で構成。単独世帯及び老年人口（65歳以上）の単身者の割合が最も高く、出生時からの居住期間が最も低い。

【日野地区】 5行政区で構成。20年以上の居住期間の割合が最も高い。

【延徳地区】 6行政区で構成。外国人割合が高い。

【平野地区】 8行政区で構成。老年人口の年齢区分の割合が最も低い。

【高丘地区】 7行政区で構成。労働力率が2番目に低い。

【長丘地区】 4行政区で構成。単独世帯、65歳以上の単身者の割合が最も低い。

【平岡地区】 9行政区で構成。ひとり親と子どもの家族類型が最も低い。

【科野地区】 3行政区で構成。出生時からの居住期間割合が最も高い。

【倭　地区】 6行政区で構成。年少人口及び老年人口の年齢区分の割合、夫婦のみの家族類型割合が最も高い。

【豊井地区】 6行政区で構成。労働力率が最も低い。

【永田地区】10行政区で構成。生産人口の年齢区分の割合が最も低い。

　これらの分析結果については、次章のアンケート調査の結果と併せて、さらに詳細な地域特性として分類できるよう、現在、詳細な分析を進めている。

2　アンケート調査

　コミュニティが抱える諸課題や展望等を明らかにするため、市内全76行政区の区長を対象にアンケート調査（基準日は2018（平成30）年4月1日、回収率は100％）を実施した。まず、自治会（以下、区とする。）の基本情報について詳述する。

加入世帯数及び未加入世帯数

　加入世帯数が14,415世帯、未加入世帯が49世帯となった。

　「101～200」（25.00％）が最多で、100世帯以下の区が全体の42.11％と約半数を占めていることが分かった。

隣接区との境目

　「道路」（77.60％）、「水路」（65.80％）、「地形」（44.70％）の順に多く、「大字又は字堺」、「隣接区との協議」によるものもあった。

他行政区にお住まいの方の加入状況

本来なら他の行政区に住所を有する世帯が、地縁や通学区等により他の区に加入しているケースは、「なし」（72.40%）が「あり」（23.70%）を上回った。

規約等の制定状況

「制定済」（72.37%）が「未制定」（22.37%）を上回った。区を法人化する認可地縁団体として登録するにはこの規約の制定が必ず必要となる。

次に、区の運営について詳述する。

アンケートでは、事業内容を調査するため、該当する事業の開催時期等をそれぞれ伺った。主な結果は次のとおり。

防犯活動

開催時期は「12月」（21.10%）、「毎月」（7.90%）が多く、主に年末の防犯パトロールや消防団の年末夜警。

防災活動

開催時期は「4月・5月」（10.60%）、「毎月」（9.20%）、「9月」（6.60%）が多く、春や秋の火災予防週間のほか、9月の防災月間に合わせて開催。避難訓練、消火訓練、ＡＥＤ使用法、毎月7日の消防団夜警、消火栓点検など。

高齢者見守り活動

開催時期は「毎月」（14.50%）が最も多く、いきいきサロン等の開催、独り暮らしの高齢者宅を記載したマップの見直し等を実施。

敬老会

開催時期は「9月」（51.32%）、「11月」（19.74%）が多く、敬老の日や文化の日といった祝日に合わせて開催。

環境美化活動（川掃除、神社掃除、公民館等掃除）

開催時期は「毎月」（14.47%）が最多で、衛生・土木の担当だけでなく、区三役も中心となって継続的な美化活動を実施する区が多い。神社掃除は、複数月の開催が多く、氏子総代が中心となり、区三役や老人会の協力によって行われている。公民館等掃除は、「毎月」（72.37%）が最多で、多くの区では、当番制で組・班ごとに毎月開催。

お祭り（春祭り、秋祭り、その他の祭り）

春祭りは66区が実施。うち「4月・5月」（71.05%）が最も多く、秋祭りも「9月・10月」（85.52%）が最多だった。

運動会、球技大会など

区民の交流や親睦を深めるために、公民館分館役員が中心となって開催している区が多い。開催時期は「5月」（13.16%）が最多で9月までに実施する区が多い。

子ども会

小学校ＰＴＡや公民館分館役員が中心となり実施。開催時期は「複数月」（22.37%）、「7月・8月」（15.79%）が多かった。小中学校の長期休暇に合わせて実施する区が多い。

老人クラブ

各区の老人クラブが中心となり実施。開催時期は「随時」（19.74%）が最多で、体操、お茶会、暑気払い、旅行、忘年会、花見、夏祭りなど、内容は様々である。

公民館行事

開催時期は「随時」（27.63%）が最多で、芸能・文化祭、運動会、盆おどり、中野市民祭参加、バスハイク、綱引き大会、しめ縄つくり、どんど焼き、マレットゴルフ、公民館報発行、たけのこ狩り、夏祭り等で、世代を超えて楽しめる活動を展開する区が多い。

文化祭

公民館行事の一環として開催する区が多い。開催時期は「11月」（31.58%）、「10月」（11.84%）、11月3日「文化の日」が多い。

次に、区の総会や役員会について詳述する。

どの程度の頻度で総会、役員会を行っているか、会議名、頻度、場所、参加者を伺った。

総会

開催頻度は「年1回」（51.32%）が最多で、次いで「年2回」（23.68%）の順となった。また、「年3回以上」（17.10%）である。

役員会

開催頻度は「毎月」（25.97％）が最多で、2か月に1回以上の区が多い。

区民への情報伝達手段

「回覧板」（54.89％）が最多で、「その他」の内訳は、文書配布（全戸配布）（89.29％）が大半で、紙媒体の情報伝達の重要性がうかがえる結果となった。

区費等について

区によっては区費のほかに組費や常会費、班費、公民館建設費といったものが含まれるが、これらを総称して区費等とし、全世帯から徴収した区費等の総額を世帯数で除した金額を各世帯の負担額として算出した。この結果、世帯当たりの平均負担額が約21,281円となり、区の事業規模が現状のままであれば、今後この負担額が大きくなることが予想される。

単身世帯や高齢者世帯への配慮

「区費の減免」（61.84％）が最多で、次いで「役員選任の免除」（28.95％）、「事業参加の免除」（26.32％）の順となった。

区加入の意義

特に重要と思われる点を二つ選択してもらったところ、「良好な近所付き合い」（72.37％）が最多で、次いで「地域環境美化」（36.84％）、「地域防災活動」（31.58％）の順となった。

次に、公民館等（公民館、公会堂、研修センター等）について詳述する。

建築後の経過年数は「31〜40年」（19.70％）が最多で、次いで「41〜50年」（18.40％）の順となった。

また、建替え・大規模修繕における課題については、「予算」（63.20％）が最多で、次いで「合意形成」（30.30％）の順となった。建替えに必要な財源確保のために、区費の値上げと区民の合意形成といった二つのハードルをクリアしなければならない区が多い。

最後に、(1)区が現在抱えている課題や問題点、(2)区の運営で独自に工夫をしている事項や、今後実施を検討している事項、(3)今後区が担うべき役割、の3点について自由記述形式で意見を伺った。

主な内容は次のとおり。

(1) 区が現在抱えている課題や問題点

76区のうち50区から、計108件の意見をいただいた。

内容ごとにキーワードを拾い上げ、集計したところ、「少子高齢化」に関する意見（34.20％）が最多で、次いで「役員選任」に関する意見（15.80％）、「インフラ整備」に関する意見（14.50％）の順となった（**図表２－３６**）。

図表２－３６　課題や問題点

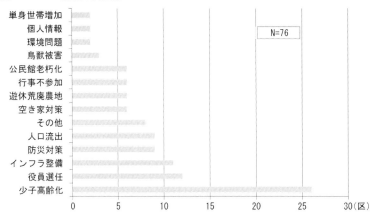

出典：「地域コミュニティの現状と課題」に関するアンケート

(2) 運営で独自に工夫をしている事項や今後実施を検討している事項

76区のうち24区から、計30件の意見をいただいた。独自色の濃い意見として、「北信総合病院エリア活性化検討委員会の開催」、「自主防災組織の立ち上げに向けた検討」、「女性の区役員への参加を勧奨」、「小学校１年生への入学祝いを継続」、「認知症の高齢者の見守りを検討」などが挙げられる。

(3) 今後、自治体ではなく区が担うべき役割

主な意見として、「世代を問わず地域全体が一つになり、子どもたちが喜び住みたいと思うまちづくり」、「横のつながりを大切にするイベント（秋祭り）」、「楽しく安全で明るい地域にするための隣近所との気軽な情報共有及び互助関係の構築」、「買物弱者への対応」、「災害発生時の協力のための、日常からの信頼関係の確立」などが挙げられる。

第3 中野市のコミュニティにおける主な問題

第2において、当市におけるコミュニティの共通課題として「後継者不足の問題」が浮かび上がった。

1 後継者不足の全国的な傾向

全国的にもコミュニティの高齢化等による組織疲弊や加入者不足による存続の危機及び後継者不足といった傾向があり、自治体は喫緊の課題として解決策を模索していくことが求められる。一方で、コミュニティも消滅しないために各々が知恵を出しあって、乗り越えていかなければならない状況にある。

2 後継者不足の問題によって引き起こされる事柄

コミュニティにおける後継者不足の問題は、「お祭りなど伝統文化の継承」「子どもの健全育成」「地域の環境美化」「地域の防災活動」についても影響する。

また、こうしたコミュニティの後継者不足の問題により、先代たちが築き上げてきた伝統文化の消滅や独居老人の孤独死、治安悪化といった生死に関わる問題にもつながる。

第4 まとめ（総括）

最後に、今後更に加速する人口減少問題に対して、コミュニティがどのように対応すべきかについて考え、本研究の総括とする。

アンケートから、コミュニティへの加入意義については、「良好な近所付き合い」が最多となり、住民同士の関わりを重要視している区民が多かった。普段から近所同士のコミュニケーションがあるからこそ、防犯・防災対策や災害時の相互扶助といったコミュニティの役割が機能するのであり、住民同士の関わりが途絶えぬよう、お祭りなどの伝統行事の開催や公民館等での地区行事を実施し、住民同士の関わり合いを深めていくことが必要である。

本研究では、コミュニティが抱える問題、共通する課題を見出すことができたことから、今後は先行事例等の分析やヒアリング調査などを実施し、中野市のコミュニティにおいて、実用できる方策を研究していくこととしたい。

第2章　中野市政策研究所の取組　*121*

若者のUターン促進に関する研究
～ゆとり世代のゆとりある暮らし～

第1　概要

1　本研究の背景・目的

　中野市では、人口減少が喫緊の課題となっており、その要因として、出生率の低下等による自然減のほか、進学・就職を機に若者世代を中心に市外へ流出している社会減が大きく影響している。この課題に対応していくためには、ある程度限界のある人口の自然増のほかに、社会増の実現は必要不可欠であり、地方創生の推進を目的とした中野市総合戦略の基本目標2「『故郷』のふるさとに住まう人口定着戦略（社会増への転換）」においても、現状の社会減からの転換に向けた取組を推進するとしている。

　社会増を実現させる方法のひとつに、中野市出身者のUターン促進による転入者増及び転出者減を中長期的に実現することが有効と考える。中野市の5歳階級別の社会動態では、20～24歳が－119人、25～29歳が－60人で、20歳代の転出超過が顕著である。転出先としては、長野市、須坂市、東京圏（埼玉県、千葉県、東京都、神奈川県の1都3県）が多く、都市部に流出している傾向が続いている。

　一方で、都市部の若者世代を中心に、地方への移住ニーズが高まっており、自然とのつながりや余暇時間の確保など、ゆとりあるライフスタイルを求めている若者も少なくないと考えられる。

　本研究では、中野市出身の若者世代のUターン促進をテーマに、特に社会減少数の大きい20歳代のいわゆる「ゆとり世代」にターゲットを絞ることとした。「ゆとり世代」はゆとりある教育環境の下で育った世代であり、ライフスタイルにもゆとりを求めるのではないかという仮説を立て、中野市だからできる「ゆ

とりある暮らし」を実態調査や既存資料等によって導きだし、若者のＵターン促進に向けた施策を明らかにする。

2　用語の定義

本研究では、以下の用語を下記のとおり定義し使用する。

【ゆとり世代】

Ｕターン促進のターゲットとなる20歳代（2018年４月１日現在）の若者世代。

一般的にはゆとり教育の期間中に学校教育を受けた世代のことを指すが、明確な定義、範囲は定まっていない。

【ゆとりある暮らし】

金銭的、時間的、精神的、空間的といった、生活の様々な場面で余裕がある暮らし。

3　本研究の方法

(1)　文献調査

まず、Ｕターンに関する現状を把握するため、既存の文献により、高等学校卒業後の地元進学率及びＵターン就職状況について調査を行った。

(2)　アンケート調査

「ゆとり世代」のライフスタイルや中野市におけるＵターンの現状を把握するため、中野市役所に勤務する30歳以下の職員を対象に、アンケート調査を実施した。

第2　ゆとり世代におけるＵターンの現状把握

1　Ｕターンの現状

(1)　長野県の地元進学率について

図表２－３７は「平成30年度学校基本調査」より、大学・大学院及び短期大学の入学者数のうち、出身高校が所在する都道府県の大学・大学院及び短期大学に入学した者の割合（以下、「地元進学率」という。）を算定した表である。

社会減の要因の一つに、進学による都道府県を越えた人口異動があり、長野県の地元進学率は25.0%で、全国平均の44.8%を大きく下回っている。その大きな理由として挙げられるのが、長野県内に所在する高等教育機関の少なさである。

長野県、東京都及び長野県と人口が同規模の県の学校数（大学・短大）を示した**図表2－38**によると、長野県内に所在する大学数は10（国立1、公立4、私立5）、短期大学数は9（公立1、私立8）

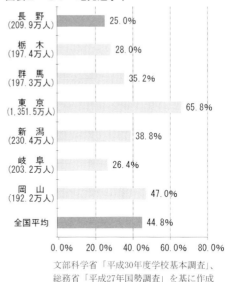

図表2－37　地元進学率

文部科学省「平成30年度学校基本調査」、総務省「平成27年国勢調査」を基に作成

となっている。長野県内では2017（平成29）年度に長野大学が公立化、2018（平成30）年度には長野県短期大学が廃止され、長野県立大学が開学した。また、2019（平成31）年度には諏訪東京理科大学が公立化する予定となっており、今後は県内大学の人気は高まるのではないかと期待されているが、豊富な選択肢を持つ大都市圏への進学傾向は続くとみられる。そのため進学等により、一旦県外に転出した若者をいかに地元に呼び戻すかがUターン促進のポイントとなる。

図表2－38　都道府県別学校数

	大学・大学院	短期大学
長　野	10	9
栃　木	9	6
群　馬	14	8
東　京	138	37
新　潟	19	5
岐　阜	12	11
岡　山	17	9
計 （全都道府県）	782	331

文部科学省「平成30年度学校基本調査」を基に作成

(2) 長野県のUターン就職状況について

　図表2－39は長野県外に進学した県出身学生の県内就職率を示したグラフであり、過去10年の間、40％前後で推移している。Uターン就職率については、全国一律の算定式による指標がないため、単純に他都道府県との比較はできないが、比較的高い値といえるのではないだろうか。しかし、先に述べたとおり、長野県に所在する高等教育機関は少なく、進学を契機とした転出者が多いという現状を踏まえると、転出者を一層呼び戻すための対策を早急にとらなければならない。

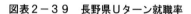

図表2－39　長野県Uターン就職率

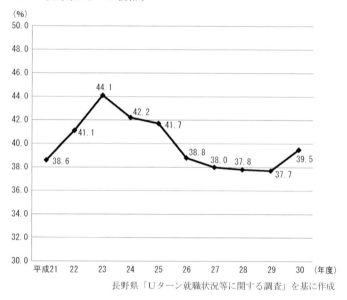

長野県「Uターン就職状況等に関する調査」を基に作成

第3　ゆとり世代のニーズと中野市での暮らし

1　ゆとり世代が重視するゆとりとは

(1)　全国的な傾向

　ゆとりには「金銭的」・「時間的」・「精神的」・「空間的」といった様々なゆとりが考えられるが、ゆとり世代が重視するゆとりを各種データ等から考察する。
　消費者庁の調査によると、**図表2－40**のとおり、20歳代が豊かな暮らしに

最も重要だと思うと答えた割合が他の世代よりも高かった項目は「お金」と「時間」であった。

　よって、多くのゆとり世代は金銭的なゆとりと時間的なゆとりを重視する傾向があるとみることができる。

図表２－４０　あなたの暮らしを豊かにするために最も重要だと思うもの

	15～19歳 (n=165)	20歳代 (n=332)	30歳代 (n=421)	40歳代 (n=503)	50歳代 (n=422)	60歳代 (n=499)	70歳代以上 (n=658)
お金	43.0%	50.0%	43.2%	36.0%	25.4%	21.2%	20.2%
時間	12.1%	12.3%	11.4%	7.8%	6.6%	2.4%	2.0%
家族や友人とのつながり	30.9%	15.7%	22.3%	20.9%	19.9%	15.6%	10.2%
地域とのつながり	1.2%	0.0%	0.7%	0.4%	0.2%	0.0%	0.2%
動物や自然とのふれあい	1.2%	1.2%	0.0%	0.4%	0.0%	0.4%	0.5%
健康	9.7%	16.0%	19.2%	33.4%	46.0%	58.3%	66.9%
その他	0.0%	1.2%	0.5%	0.0%	0.6%	0.0%	0.0%
重要だと思うものはない	1.8%	3.6%	2.6%	1.2%	1.2%	1.2%	0.2%

消費者庁（2017年）「平成28年度　消費生活に関する意識調査結果報告書―ＳＮＳの利用、暮らしの豊かさ、シェアリングエコノミー等に関する調査―」を基に作成

(2)　中野市の傾向

　全国的なゆとり世代は金銭的なゆとりと時間的なゆとりを重視する傾向があることが分かったが、市内のゆとり世代にも同じ傾向をみることができるのだろうか。

　図表２－４１は、30歳以下の中野市職員を対象として行ったアンケート調査の結果であるが、重視度の上位２つは「自由に使える時間」、「自由に使えるお金」であることが分かる。

　よって、市内のゆとり世代は、全国的なゆとり世代と同様、金銭的なゆとりと時間的なゆとりを重視する傾向にあるといえる。

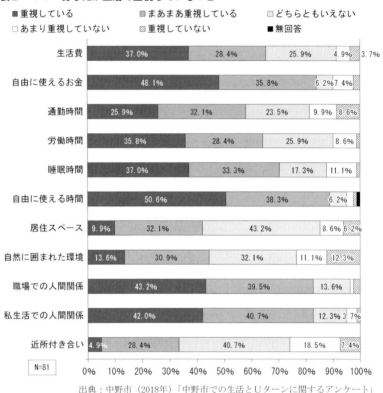

出典：中野市（2018年）「中野市での生活とUターンに関するアンケート」

2　中野市での生活で感じられるゆとりとは

　ゆとり世代は金銭的なゆとりと時間的なゆとりを重視する傾向がある上で、実際に中野市での生活で、それらのゆとりを感じているのだろうか。

　30歳以下の中野市職員へ市内での生活の満足度を聞いたところ、**図表2－42**のとおりとなった。

　一番満足度が高かったのが、「通勤時間」であった。続いて満足度が高かった項目は、順に並べると、「自然に囲まれた環境」、「私生活での人間関係」、「職場での人間関係」、「居住スペース」、「自由に使える時間」、そして「睡眠時間」となった。

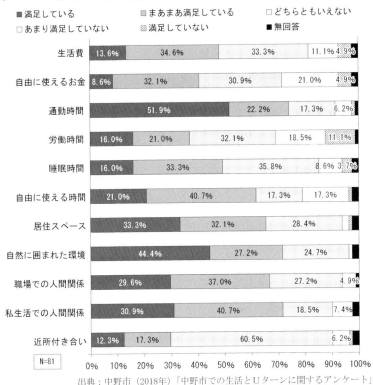

図表2-42 あなたが生活で満足していること

出典：中野市（2018年）「中野市での生活とUターンに関するアンケート」

　このことから、ゆとり世代は、中野市の生活で、空間的なゆとり、精神的なゆとり、そして時間的なゆとりを感じていることが分かった。

　以上の結果から、重視度、満足度がともに高かった、「時間的なゆとり」のある暮らしは、中野市で実現し得るといえる。

3　ゆとり世代が時間を重視する理由

　ゆとり世代が「時間」を重視する理由として挙げられるのが、近年いわれている「モノ消費」から「コト消費」への転換が一つの要因であると考えられる。

　消費者庁「平成29年版消費者白書」によると、「近年の消費行動について、モノやサービスを購入する『モノ消費』より、購入したモノやサービスを使ってどのような経験・体験をするかという『コト消費』に、消費者の関心が置かれている」との傾向が表れていると分析しており、さらに、その傾向は10～20歳

代の若者に強く表れているという。この傾向の背景には、近年の情報化により
デジタル化されたコンテンツが手に入りやすくなったことによる、モノを所有
することの意義の低下や、デジタル化されていない情報やコンテンツの価値が
相対的に高まるといったことが考えられるという。

　今後、社会の更なる情報化に伴い、「コト消費」の傾向はますます強くなると
予想され、ゆとり世代の「時間的なゆとり」のニーズが高まっていくことが考
えられる。

第4　まとめ

1　Uターン促進に向けた取組

フリーペーパーによる情報発信

　中野市へのUターン促進のためには、現在市外に居住する中野市出身や市内
高校に在学していたなど中野市にゆかりのある若者に対して、現在市内に居住
する若者のライフスタイルを示し、市内で「時間的なゆとり」がある生活を実
現できることを示すことが有効な手段となると考える。

　また、これから進学等を機に市外へ出る高校生に対しても、今後就職を考え
る際にUターンという選択肢を持ってもらうために、市内のゆとり世代のライ
フスタイルを知ってもらうことが望ましい。

　そこで、中野市にゆかりのあるゆとり世代のライフスタイルを紹介するフ
リーペーパーを制作し、実際に「時間的なゆとり」のある暮らしを実現してい
る若者の存在を広く情報発信することとする。

　Uターン促進は、中長期的な視点で取り組む必要があり、フリーペーパーに
よる情報発信が、即、社会減の抑制に繋がるものではないが、ゆとり世代が求
めるゆとりある暮らしが中野市で実現できることを知ってもらうことで、就職
等といったライフイベントの際に、中野市へのUターンを考えるきっかけにな
るものと考える。

3 中野市の子育て環境に関する調査研究
～もっと子育てしやすいまちへ～

第1 概要

1 調査の概要

　2017（平成29）年度の研究で多くの子育て世代が「本当はもう一人欲しい」という希望を持っていることが把握できた。中野市の現状を見ると2015（平成27）年の国勢調査では、長野県内の19市で共働き率が最も高いことが分かった。共働き世帯を支えるため中野市の子育て環境を一層充実させていく必要がある。2017（平成29）年度の研究で実施した子育て環境に関するアンケートでも企業主導型保育事業に対するニーズが高い（「利用したい」「利用している」という回答が71.7％）ことから、市内企業が企業主導型保育事業を確立するための環境などについて研究する。

　また、全国的に核家族世帯が増加する中、今後の子育て世代に対する施策を考える上で基礎資料が必要である。そのため各種統計データ及び2017（平成29）年度実施した子育て環境に関するアンケートなどからデータ収集・検証を行い、施策の背景となる子育て環境に関するデータを作成し、先進事例等から中野市に合う子育て環境を探求する。

2 研究の背景

　厚生労働省が発表した、2017（平成29）年人口動態統計（概数）によると2017（平成29）年に生まれた子どもの数（出生数）は94万6,060人となり、2016（平成28）年に続き2年連続で100万人を下回る結果となった。晩婚・晩産化が進み、第1子の出産年齢は平均30.7歳となっている。2015（平成27）年版長野県衛生年報によると、**図表２－４３**のとおり中野市母の年齢別出生数は20歳から39

歳で約95%を占めていることから、この年代の女性が減ることは出生数の減少へとつながる。出生数の増加が急務であるが、20歳から39歳までの女性の人数は全国的にも減少に歯止めがかかっていない。中野市においても同様であり、国立社会保障・人口問題研究所の推計では、20歳から39歳の女性数が2045年には2015（平成27）年の約55%（8,429人→4,663人）になるとされている。そのため、この世代への支援体制を充実させることが必要である。

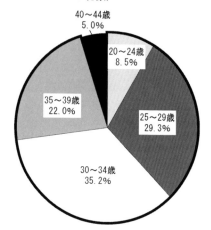

図表2－43　中野市母の年齢別出生数割合（第1子、第2子等考慮しない総数）

中野市政策研究所「2015（平成27）年版長野県衛生年報（中野市内母親の年齢別出生数）」を基に作成

3　調査研究の流れ

① 中野市の子育て環境に関するデータ収集・分析
　2017（平成29）年度実施した子育て環境に関するアンケートや統計データ等を利用し、子育て環境に関する基礎資料を作成する。

② 市内企業へ企業主導型保育事業に関する意向調査の実施
　市内企業に対して事前に基本調査（従業員数、対象となり得る従業員数等）を行い、その結果を踏まえて意向調査及び企業主導型保育事業の情報提供を行う。

③ 先進事例調査、文献調査
　子育て環境に関する文献調査及び子育て環境が充実している先進事例を通して、中野市の子育て環境における強み・弱みを把握する。

第2　共働き率、子育てへの思い

1　中野市の基礎データ

　就労においては、第2次安倍内閣の発足時から女性の活躍が推進されており、子育て世代の女性就労率の上昇など、数年の間に家族内の女性がおかれている環境が変化してきている。妊娠・出産はもとより、家族の中で女性の果たす役割は大きく、近年その役割に就労も加わりつつある。中野市における女性の就労率に関しては2017（平成29）年度の報告書内の表を参照されたい（本書83ページ**図表2－23**参照）。

　また、県内19市の共働き率を比較したところ、下記**図表2－44**のとおりとなった。

図表2－44　共働き率（2010年・2015年：最年少の子どもが0～6歳の核家族世帯）

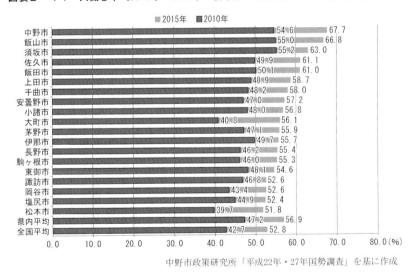

中野市政策研究所「平成22年・27年国勢調査」を基に作成

　最年少の子どもが0～6歳の核家族世帯では、中野市は県内19市の中で最も共働き率が高いことが分かる。

2　子育て世代の思い

　2歳児健診及び3歳児健診の際に実施されているアンケート調査から共働き

率及び子育てへの思いについて分析し**図表2－45～図表2－48**にまとめた。

図表2－45　共働き率　　　　　　　　（単位：世帯（延べ））

	２歳児健診時の回答	３歳児健診時の回答
世帯数	310	331
共働き世帯	193	211
共働き率	62.3%	63.7%

中野市政策研究所「健康診断アンケート（平成29年度実施分）」を基に作成

図表2－46　子育てについての思い（2歳）　　　（単位：世帯（延べ））

	楽しい	普通	大変	困っている	不安がある	未回答
核家族世帯数	124	68	43	3	5	2
割合（％）	35.9	19.7	12.4	0.8	1.4	0.5

中野市政策研究所「健康診断アンケート（平成29年度実施分）」を基に作成

図表2－47　子育てについての思い（3歳）　　　（単位：世帯（延べ））

	楽しい	普通	大変	困っている	不安がある	未回答
核家族世帯数	107	70	48	2	6	1
割合（％）	29.8	19.5	13.4	0.5	1.6	0.2

中野市政策研究所「健康診断アンケート（平成29年度実施分）」を基に作成

　「子育てについてどう思うか」について質問した結果は上記のとおりであった。２歳児健診での結果に比べ３歳児健診では子育てについて「楽しい」と回答した割合が減少している。３歳児健診時に「大変」と回答した割合が２歳児健診時に比べ増加しているのは、共働き世帯が多いことから、子育てと就労の両立に対する思いが、子育てについての思いに反映されていると推測できる。

図表2－48　この地域で子育てをしていきたいか（3歳児健診時のみ調査）

そう思う	どちらかと言えばそう思う	どちらかと言えばそう思わない	そう思わない
224（68.7%）	92（28.2%）	6（1.8%）	4（1.2%）

中野市政策研究所「健康診断アンケート（平成29年度実施分）」を基に作成

　３歳児健診ではこの地域で子育てをしていきたいかについて問い、上記の結果を得た。「そう思う」と「どちらかと言えばそう思う」と回答した割合は96.9%

となり、今後も中野市で子育てをしていこうと考えている世帯が多いことが分かった。

2017（平成29）年度実施した子育て環境に関するアンケートでは、子どもの年齢別に問うた設問では下記**図表２－４９**のとおりとなった。

図表２－４９　子育てしやすい環境を整備するためには、国や市にどのようなことを期待しますか（複数回答可）。

子どもの年齢	1位	率	2位	率	3位	率
0歳	保育所・幼稚園費用の軽減	92.4%	手当の支給や税制優遇	86.4%	バリアフリー化、授乳設備等	84.8%
1歳	手当の支給や税制優遇	92.4%	保育所・幼稚園費用の軽減	81.4%	小児救急医療体制の充実	78.6%
2歳	手当の支給や税制優遇	92.4%	小児救急医療体制の充実	84.4%	保育所・幼稚園費用の軽減	82.8%
3歳	保育所・幼稚園費用の軽減	92.4%	小児救急医療体制の充実	82.9%	出産費用、医療費の負担軽減 手当の支給や税制優遇	79.3%
4歳	出産費用、医療費の負担軽減	82.4%	手当の支給や税制優遇 小児救急医療体制の充実	80.0%	保育所・幼稚園費用の軽減	78.8%
5歳	保育所・幼稚園費用の軽減	82.9%	出産費用、医療費の負担軽減	81.7%	手当の支給や税制優遇	78.0%
6歳	保育所・幼稚園費用の軽減	76.2%	小児救急医療体制の充実	75.0%	企業の子育て支援 保育所・幼稚園費用の軽減 手当の支給や税制優遇	72.6%

中野市政策研究所「2017年度子育て環境に関するアンケート」を基に作成

第3　保育環境、保育料

1　保育施設入園児童数の推移

子育て世代の希望を実現していくために、就労と密接な関係のある保育所についてのデータを述べる。現在中野市には、公立保育所が11園、私立保育施設が２園ある。定員に対する入園児童数の割合は、立地する地域によって異なるが、保育施設全体で約80％となっている。中野市の保育施設の入園児童数について、過去５年間を調査したところ、2014（平成26）年から2016（平成28）年にかけて増加傾向にあったが、2017（平成29）年からは減少傾向となっている。

また、０歳から２歳の児童数についても、全体の入園児童数の推移と同様に

近年は減少傾向にあるが、過去5年間では400人前後を推移している(**図表2－50**)。

図表2－50　保育施設入園児童数の推移

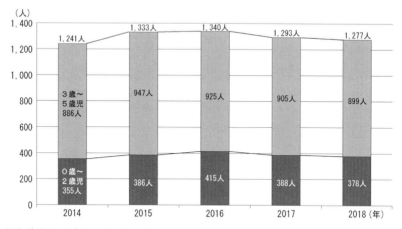

(注)幼稚園の保育部門の児童数を含む

中野市政策研究所「中野市保育課提供資料」を基に作成

2　保育に要する費用

　子育て世代の声として多くの比率を占める保育料については、2019年10月以降は段階的に無料にしていくことが閣議決定されているが、中野市での保育に要する費用は、年間13億円程度掛かっており、(保育園の改築費は除く。)児童一人当たりの保育に掛かる経費は100万円程度となっている。

第4　企業主導型保育事業の意向調査

1　企業主導型保育事業の調査

　2017(平成29)年度に行った子育てに関する研究では、子どもを持つ親の仕事と、子育ての両立を実現するための子育て支援策として企業主導型保育事業の導入が有効であると報告したが、中野市においての企業主導型保育事業の導入の可能性を探るべく市内の事業所にアンケート調査を実施した(**図表2－51**)。また、企業主導型保育事業の導入には、事業所の規模がある程度大き

いことが条件になるため、アンケート対象事業所は、おおよそ50人以上の従業員を抱える事業所に限定することとした（調査対象は市内30社で回答率は60.0％）。

図表2－51　アンケート結果

①企業主導型保育事業を知っているか

(社)

知っている	6
知らない	11
無回答	1

②企業主導型保育事業に取り組む意向はあるか

(社)

取り組む予定である	0
今後検討したい	2
取り組む予定はない	16
無回答	0

中野市政策研究所調べ

今後検討したいと回答した企業からは下記のとおり。

・働き方改革と人材確保のため

・グループ会社で保育園を運営しているため、今後検討したい

2　企業インタビューの結果

　企業主導型保育事業の導入に取り組むかについての質問には、取り組む予定の事業者はなく、（将来を含め）検討したいと回答したのは2社のみであった。中野市では大規模な事業所が少なく、待機児童もいない状況ということもあり、地域の保育園で十分対応可能という意見や他の施策で支援したいという意見があるなど、企業主導型保育事業の導入には消極的な意見が多かった。また、「企業主導型保育事業について知らなかった。」という回答も11社からあったことから、制度の認知不足の面も浮き彫りとなった。

　その中で、企業主導型保育事業の導入について検討したい、との回答を得たことから、この2社に対しインタビューを行った（**図表2－52**）。

図表2－52　企業インタビュー結果

	A社	B社
職種	食品加工・販売業	小売業
従業員数	170名 （男性：88名、女性：82名） （6歳までの子どもがいる従業員：30名）	210名 （男性：40名、女性170名） （6歳までの子どもがいる従業員：7名）
インタビュー結果	企業主導型保育事業については知らなかったが、働き方改革推進と将来の人員確保のために今後検討していきたい。 　また、従業員においてもこの事業を知らないため、従業員からの企業主導型保育事業に関する要望は出ていない。 　実際に企業主導型保育施設を運営するに当たっては、自社で運営するのは難しいのではと考えている。 　企業向けの説明会などを開催してほしい。	グループ全体としては導入しているところもあり、ノウハウも持っているが、実施しているのがグループ内の別会社であるので、現実的には難しい部分がある。 　手続きや運営に係るノウハウや保育士確保などが企業主導型保育事業を単体で実施することは現実的に難しいという結論に至った要因。 　市など保育園を運営する団体がテナントとして入り、実施するということであれば是非お願いしたい。

第5　今後の研究について

　市内企業へのインタビューを通して、企業主導型保育事業の周知が足りていないことが分かった。子育て環境を充実させるためには保育環境の充実が欠かせない。今後は市内企業と市役所、保育所等を通した対話の機会をもち、相互に理解していくことが必要となる。

　また、共働き率の高さや段階的な保育料の無料化により「働きやすい」「預けやすい」という環境作りが、「本当はもう一人子どもが欲しい」という希望をかなえる一助となり得ると考える。

　今後は、過去10年間（2003～2012（平成15～24）年）の合計特殊出生率の増加率に応じた先進事例を通して、今後の中野市で導入可能な施策を提案したい。

第3章

「交流・連携・協働」で、住みよさで選ばれるまちに向けた取組

1 信州なかのブランドの確立に向けた取組（売れる農業推進室）

(1) 中野市の農業の現状

　中野市は「菌茸類」の生産が盛んな地域であり、特に「えのき茸」の生産量は日本一を誇る。また「りんご」も多品種を生産し、長期間にわたる出荷体制を維持しながら品種改良にも積極的で、長野県オリジナル品種「りんご三兄弟」の一つ「秋映」は、中野市の生産者が品種登録している。さらに、販売単価の低迷が問題となっていた「ぶどう」において、種なしで皮ごと食することができる「シャインマスカット」の生産を全国に先駆けて導入し、農業従事者の所得向上につなげ、産地を再建するなど、農業を基幹産業とし、最大の魅力とする地域である。

　近年、社会問題となっている人口減少や少子高齢化社会の進展、東京圏への人口の一極集中などの影響による地域経済縮小が、中野市でも懸念されている。こうした状況の中で、中野市が将来にわたって活力あるまちであり続けるため、基幹産業である農業を活性化し、行政が積極的に農産物等の販売に関わり、農業の活気を他産業への波及効果とし、地域経済全体の活性化につなげることを目的に、2004（平成16）年4月、経済部内に売れる農業推進室が設置された。

　売れる農業推進室は、市内最大の生産者団体である「ＪＡ中野市」の支援を受けながら、中野市長及びＪＡ中野市組合長が主要な販売先や市場を訪問し、農産物とともに地域の文化や風土などの魅力を紹介する「トップセールス」や、各種イベント等に参加し、農産物の販売と同時に、産地ならではの調理方法を紹介し、消費者の胃袋をつかまえながら中野市の認知度向上を図る作戦を実施

している。

(2) 生産者・事業者との協働

　この取組を市民に周知し、事業への参画を推奨することを目的として、2012（平成24）年度に農業・商工・観光に関わる市内の関係団体が集まり協議を重ねた結果、地域が統一したブランドイメージを持ち、協働で中野市の魅力を発信し、地域経済全体の活性化を推進する方針を定めた。この時に誕生したのが「中野市産地・観光ＰＲ用シンボルマーク（以下「シンボルマーク」という。）」である。

　シンボルマークのデザインについては公募とし、海外を含む全国から805作品を集めた。デザインを公募とした反響は大きく、連日、事務局である売れる農業推進室に、農産物や文化、風土に関する情報を求める問合せがあるほか、宣伝方法に関する意見や提案の持込相談があるなど、市民の注目を集める効果を発揮した。

写真３－１　中野市産地・観光ＰＲ用シンボルマーク

　シンボルマークは、長野県を意味し、爽やかなイメージを有する「信州」に、柔らかい印象を持たせるため、ひらがなで表記する「なかの」を組合せた「信州なかの」の文字を中心に、それを囲むように、中野市出身の作曲家「中山晋平」の作品である「中野小唄」の一節を添えたデザインに決定した（**写真３－１**）。

　このシンボルマークは、多くの方々にご使用いただきながら情報の拡散を図り、中野市の認知度向上を目標としたが、使用方法において、中野市のイメージを著しく悪化させる行為を未然に防ぐため、シンボルマークの使用については、市長の許可を要することとした。

　売れる農業推進室では、この使用許可を得た生産者及び事業者とのネットワークを活用し、各種情報や問題意識を共有しながら、行政と民間の協働の核となる「信州なかのシンボルマーク活用事業者」を組織化した。以降の地域ブ

ランド化の推進に関する事業は、「信州なかのシンボルマーク活用事業者」との情報共有や意見交換から始まる事業への参画によって運営されているといっても過言ではない。なお、本組織は「信州なかの」の「Ｓ」、シンボルマークの「Ｓ」、活用事業者＝ユーザーズの「Ｕ」を取り、愛称として「ＳＳＵ」と呼称されている（以下「ＳＳＵ」という。）。

　まずＳＳＵからの提案を実行した事業がＳＮＳを活用した産地からの情報発信である。売れる農業推進室が公式のフェイスブックページを立ち上げ、１日１回の投稿を目標に掲げたことで、職員が情報収集を目的に、園地や事業所を積極的に訪問するきっかけとなった。

　記事の作成には、農産物等をはじめとする商品に関するこだわりを中心としながら、生産者や事業者の人柄を重点に紹介する方針としたため、これまでの人生観や各人が描く未来像、期待する市の事業などを聞き取る機会となった。こうした事業者との交流が信頼を育み、やがて斬新な事業提案へと発展していくこととなる（**写真３－２**）。

写真３－２　人柄を重点に置いた園地紹介

（３）　ＳＳＵの提案から生まれた「信州なかのフェア」

　ご存じのとおり、長野県民は控えめな方が多い。首都圏でのイベントに参加した際に、来場者からご指摘をいただくことがある。中野市民も例にもれず、比較的控えめである。この理由を表現下手と仮定し、表現方法の改革を目標に掲げ、事例発表会や各種講演会、写真撮影等の講習会を重ねた上で、実践の場として「県外での物産展」を企画した。元々、長野県の県庁所在地である長野市内のホテルにフロアを借り、食品関係や流通関係のバイヤー及び飲食店、宿泊施設のシェフを招待しての商談会を開催していたが、ＳＳＵからの「県外での活動の拡大」や「一般の方を対象とした商品説明の機会を確保してほしい」との提案を受け、それまでの事業を発展する形で「信州なかのフェア」を新企画として県外で開催することとなった。

県外でのイベント開催に当たり、会場や開催日、開催時間、会場レイアウトから移動方法までＳＳＵとの意見交換を目的として「信州なかのフェア分科会」を設立した。後に、この分科会システムは目的ごとに設立され、行政と民間の意見交換の機会となり、協働スタイルの確立を導くこととなる。

　初の県外イベントであり、一般の消費者を対象とした内容であるが、元々認知度の低い中野市が、首都圏にある横浜市内でイベントを開催するということで、手探りのままスタートしたが、首都圏に在住する中野市の出身者の方々や長野県に縁のある方々からの意見や提案も取り込みながら、口コミ情報を存分に活用しつつ、多くの来場者を集めた。

　特に人気を集めたのが「シャインマスカット」であり、初めて口にしたという来場者から、「甘くて、食べやすくて、びっくりした。」との感想が多く寄せられた。また、市内産農産物の調理方法を紹介すべく実施した「郷土料理の試食コーナー」も人気を集め、まさに消費者の胃袋をつかまえながら中野市の認知度向上を図る作戦を実践した（**写真３－３**）。

写真３－３　信州なかのフェアの様子

　県外イベントの開催に当たり、ＳＳＵとの連携が全て成功したわけではない。第２回目も横浜市内でのイベント開催に当たり、会場の選定を、横浜市内でもブランドイメージの強い「みなとみらいエリア」とし、より富裕層へのアピールを狙い、また地方住民である中野市民にも認知される有名スポットと設定し、企画及び周知を図ったところ、ＳＳＵや地域の期待を集めることとなったが、結果として、当該イベントにご来場いただいていた年齢層の方々が、普段訪れない商業エリアであったことで、横浜市内の比較的高年齢層の方々が会場にたどり着けないという問題が発生した。この出来事がマーケティングの重要性を改めて痛感させ、情報の収集、整理、解読及び共有を推奨する機会となった。

　本事業はブース出店者においても、首都圏の消費者の情報を直接入手する重要な機会となっており、「商品パッケージングの重要性を痛感した。」「中野市は、果樹生産地のイメージが強い。」「珍しい食材を探している方から、地域の

風土について詳しく尋ねられた。」「通信販売を希望された。」等の意見が寄せられたとの報告を受けている。

　また、県外でのイベント開催であるため、郷土愛が深まると同時に、郷土の事業者との交流が促進され、異業種の事業者が、それぞれの得意分野で、その技術を活かし、共同で新商品や新事業を創出する機会となった。この取組が、後の「中野市まるごと６次産業化」の基本理念として定着する（**写真３－４**）。

写真３－４　信州なかのフェア in 横浜に参加した皆さん

(4)　大規模見本市への出展

　売れる農業推進室とＳＳＵは、さらに全国レベルでの産地ＰＲを目指し、国内有数の大規模な食品見本市への出展を企画した。輸出を目指す企業が集まる「FOODEX JAPAN」と国内量販店の協会が主催する「スーパーマーケット・トレードショー」である。両見本市はともに千葉県の国際展示場「幕張メッセ」を会場とするイベントで、開催期間中には約８万人を超える来場者を誇っている。

　ここで中野市は、地域が一体となった産地ＰＲ推進を図るため、ＳＳＵから出展者を募り、統一した地域ブランドを掲げ「信州なかのブース」として出展した。自治体ブースが出展するエリアは、県単位のブースが立ち並ぶ中、市レベルの小間数としては最大の10小間を占領することに成功し、長野県関係者を驚かせるとともに、長野県産食材を探すバイヤーを相互に紹介し合い、協働で見本市での認知度向上を図った。

　このイベントでは、複数の機関を通じて入手した情報を基に、中野市の郷土玩具「中野土人形」をデザインした大型の紙袋を配布し、会場内で入手する資

料や上着の運搬に活用いただきながら、中野市を宣伝いただく手法を用いた。効果として、紙袋を求めブースを訪れるバイヤーが増加し、当該エリアで大きな話題になった。翌年以降、大型の紙袋を配布するブースが増加したことからも「信州なかのブース」の宣伝が効果的であったことがうかがえる。

なお、大型の紙袋使用に関する情報の提供は高知県であり、偶然にも、サイズと色が同系色であったことから、中野市と高知県の袋合戦として、どちらの紙袋が多く会場を埋め尽くすか競争したことが、懐かしい出来事である（**写真3-5**）。

写真3-5　紙袋を肩に掛け、ブースを巡る筆者

大規模な食品見本市の出展で、中野市は改めて菌茸類の産地として流通関係者に認識されているほか、他所にはない食材や加工品が求められている状況があり、地域の文化や風土を付加価値として上乗せするとともに、明確な理由付けで価格設定をする必要性があることを知る機会となった。

(5) 中野市食の大使事業に関する取組

全国に向けた中野市の情報発信を強く推進する目的で、全国的な著名人とのタイアップ事業もＳＳＵからの提案で始まった。俳優でイクメンとして注目を集める「杉浦太陽さん」を「中野市食の大使」に任命し、園地訪問や生産者との交流、レシピ開発やテレビ番組の出演を通じて、中野市の食の魅力発信を強く推進した。テレビで見たことのある著名人が、我が地元のＰＲに尽力している姿は、市民を大きく勇気付け、産地ＰＲに関する取組を、市内外に周知する機会となった。また、著名人の活動は各種メディアを集め、図らずとも、各種メディアが市内産農産物を知る機会となり、現在では、首都圏のキー局からの取材を受

写真3-6　食の大使と生産者の交流の様子

け、全国放送での紹介回数が増加傾向にある（**写真3－6**）。

(6) 「中野市まるごと6次産業化」に関する取組

　全国的な中野市の認知度向上に向けた産地ＰＲを推進する一方で、地元では新商品や新事業の創出が進められている。「信州の伝統野菜」と認定される「ぼたんこしょう」は、中野市でも標高600ｍから800ｍの山間部で栽培されている青唐辛子である。地元の生産者グループが「種の保存」「伝統野菜の保護」「伝統的農作業の継承」を目的に栽培を継続している。参加者も高齢となり、栽培の継続も危ぶまれていたが、特徴ある味覚は、他の商品と融合させることで魅力を増すことから、新たな地域の看板商品を誕生させようとの取組が始まった。地域の事業者が交流し、異業種の技術を活かし、それぞれの得意分野での実力を発揮し、共同で新商品や新事業を創出する「中野市まるごと6次産業化」を紹介する見本的な取組となった。現在は、ぼたんこしょうの園地を訪問し、農作業を体験し、郷土食を味わい、その商品化に関する意見交換を「農業観光体験」としての売り込みを画策中であり、生産者は、未経験の観光事業を導入すべく、第一歩を踏み出した状態にある。現在、ＳＳＵにおいて農業を軸とした体験型観光を旅行商材とすべく分科会が立ち上がり、研究が始まったところである（**写真3－7**）。

写真3－7　信州の伝統野菜「ぼたんこしょう」

　生産者と事業者が連携する事業は、さらに加速し、同じ市内に生活しながらも、これまで接点がなかった米生産者と酒蔵のタイアップを実現させ、地元で栽培された酒米を使用して純市内産の日本酒を醸造するプロジェクトがスタートした。

　このプロジェクトには、直接の関係性を持つ事業者以外にも、地酒を活用した旅行商品の創出を目指す事業者や飲食店などが参画し、地域の魅力を再発見する機会となった。

　本事業もＳＳＵとの情報共有を重視し、事業者間連携の見本事業とする中で、

新たな技術の創出もテーマとしたことで、新たに種苗法に基づき出願中の酒米の使用を統一事項と設定し、参画する米生産者には「新しい酒米の栽培技術実験」を、酒蔵には「新しい酒米の醸造実験」を依頼するとともに、技術力のアピールを図っているところである。

2016（平成28）年度からスタートした本プロジェクトは順調に推移し、2年目には商品化を実現し、最終年度の2018（平成30）年度は、米生産者と酒蔵が直接契約を締結し、事業としての独立を迎えることとなった。この成功体験がSSUの活動を加速化させ、より多くの事業者を巻込みながら、新事業を創出し「交流・連携・協働」を推進し、地域ブランド化に寄与することを切望する（**写真3－8**）。

写真3－8　**タッグを組んだ米生産者と酒蔵**

(7)　「信州なかのブランドの確立」に向けて

中野市が進める「信州なかのブランドの確立」は、「稼ぐ農業の実現」と考えている。中野市産の豊富な農産物は、その品質が高く評価されている状況であることから、その認知度を利用しながら、多品目、他産業の商品、地域の歴史、文化や風土を付加価値として加え、地域経済全体の活性化を目指している。

なお、現時点は「交流・連携・協働」を推奨しながら、目標とする「信州なかのブランドの確立」の道半ばであり、今後も、行政と民間が意見を交換し、斬新な取組への挑戦を支援し、失敗を恐れず、前向きに「稼ぐ農業化」を目指していく。

2　投票率の向上を目指して（中野市選挙管理委員会）

(1)　中野市の投票率の推移

昨今、選挙が執行される度に「〇〇選挙の投票率は前回同選挙に比べ〇〇％の減となり過去最低を更新」などのメディアの見出しを目にする。投票率の低下が全国的に問題となる中、中野市も同様の課題を抱え、本委員会では選挙の

第3章 「交流・連携・協働」で、住みよさで選ばれるまちに向けた取組　　*145*

度に投票率向上の施策に頭を悩ませている。中野市の投票率は国政選挙では全国平均の投票率を上回る場合もあるが、投票率の高い長野県においては低く、県政選挙も含め県下19市の順位ではほとんど下位に低迷している（**図表3－1**）。

図表3－1　中野市の投票率の推移

期　日	選挙名	投票率（%）			県下19市中の中野市の順位
		中野市	全国平均	県平均	
2010/4/25	中野市議会議員一般選挙	67.95	―	―	―
2010/7/11	参議院議員通常選挙（選挙区）	60.04	57.92	64.72	19市中19位
2010/8/8	長野県知事選挙	46.44		52.70	19市中18位
2011/4/10	長野県議会議員一般選挙	47.28		54.19	14市中14位
※2012/3/1　投票区・投票所の見直し（投票所を35箇所から23箇所、期日前投票所を2箇所から4箇所）					
2012/11/18	中野市長選挙	46.72	―	―	―
2012/12/16	衆議院議員総選挙（小選挙区）	55.16	59.32	63.36	19市20区中20位
2013/7/21	参議院議員通常選挙（選挙区）	49.66	52.61	57.72	19市中19位
2014/4/20	中野市議会議員一般選挙	64.27	―	―	―
2014/8/10	長野県知事選挙	40.09		43.56	19市中14位
2014/12/14	衆議院議員総選挙（小選挙区）	50.74	52.66	55.48	19市20区中17位
2015/4/12	長野県議会議員一般選挙	43.91		48.92	12市中12位
2016/7/10	参議院議員通常選挙（選挙区）	59.34	54.70	62.86	19市中17位
2016/11/20	中野市長選挙	無投票	―	―	―
2017/10/22	衆議院議員総選挙（小選挙区）	57.68	53.68	60.40	19市20区中15位
2018/4/22	中野市議会議員一般選挙	無投票	―	―	―
2018/8/5	長野県知事選挙	37.56		43.28	19市中18位

(2) 投票率向上の施策の展開
ア 市民アンケート調査の実施

　2012（平成24）年３月、本委員会では投票環境の整備と均衡を図ること及び行財政の改革を目的に投票区・投票所の見直しを行い、当日の投票所を35箇所から23箇所に、期日前投票所を２箇所から４箇所に変更した。以後、選挙の度に投票率向上の新たな施策を実施し（**図表３－２**）、投票状況は見直し前より相対的に上向いてはきたが、思うような結果を残せないことが多い。

図表３－２　本委員会の投票率向上の主な施策　（投票区・投票所の見直し以後を記載）

◯選挙時の主な施策

期　日	選挙名（略称）	投票率向上の主な施策
2012/11/18	市長選挙	※2012（平成24）年３月の投票区・投票所の見直し後の最初の選挙 ・投票所を35箇所から23箇所に統合（現在も継続） ・期日前投票所を２箇所から４箇所に増設（現在も本箇所は継続） ・特定の２区を対象に投票所まで公用車で送迎（現在も継続）
2012/12/16	衆議院議員選挙	
2013/7/21	参議院議員選挙	・期日前投票所の宣誓書を事前に全戸配布（１枚／戸 その後変更） ・投票所入場券に投票所の地図を記載（現在も継続） ・保育園の園児の保護者に選挙啓発物品を配布（現在も継続）
2014/4/20	市議会議員選挙	・2014（平成26）年１月から本委員会フェイスブックページを開設（現在も継続） ・選挙啓発ＣＭ（高校生出演）を作成しローカルテレビ等で配信 ・本庁期日前投票所の投票立会人に公募で女性・若者を登用（現在も継続） ・本庁期日前投票所の受付事務補助に高校生を登用
2014/8/10	県知事選挙	・期日前投票所にゴールド投票箱を設置（現在も継続） ・特定の７区（現在は５区）を対象に出張期日前投票所を開設（現在も継続） ・本庁期日前投票所の受付事務補助に高校生を登用
2014/12/14	衆議院議員選挙	・大型商業施設内に期日前投票所を開設（現在も継続） ・本庁期日前投票所の受付事務補助に高校生を登用

2015/4/12	県議会議員選挙	
2016/7/10	参議院議員選挙	
2016/11/20	市長選挙	
2017/10/22	衆議院議員選挙	・期日前投票所の宣誓書を事前に全戸配布（従来の1枚／戸を4枚／戸に変更） ・本庁期日前投票所の受付事務補助に高校生を登用 ・大型商業施設内で選挙啓発物品（ポケットティッシュ800個）を配布 ・メディアに取り上げていただくよう積極的にアピール（現在も継続）
2018/4/22	市議会議員選挙	・選挙啓発ＣＭ（高校生出演）を作成しローカルテレビ等で配信
2018/8/5	県知事選挙	・大型商業施設内の期日前投票所の開設日数を2回から4回に増設 ・選挙啓発ＣＭ（地元落語家出演）を作成しローカルテレビ等で配信 ・本庁期日前投票所の受付事務補助に高校生を登用 ・期間中に実施された市民祭で選挙啓発物品（うちわ1,000枚）を配布 ・投票所入場券に期日前投票の宣誓書を記載 ・比較的大規模な企業を回り投票の呼び掛けを依頼

○通常時の主な施策（現在も継続）

・毎年度、明るい選挙啓発ポスターの作品募集、成人式において選挙啓発物品を配布、市内学校の要望に応じ投票箱等選挙物品の貸出しを実施
・2014（平成26）年1月から本委員会フェイスブックページを開設し、通常時及び選挙時に選挙啓発を実施
・2015（平成27）年度から県選挙管理委員会及び市内高等学校と連携し主権者教育を実施
・2016（平成28）年度から市内小中学校に主権者教育用リーフレットを配布

　一般的に投票率の高い選挙とは、「世論を二分するような政策論争がある」「有権者の生活状況が思わしくなく、政治に救済又は改革を望んでいる」「候補者が多数又は接戦の様相である」「有権者の支持や注目を集める有名又は魅力的な候補者がいる」など、その時々の政治又は選挙の情勢によることが多いが、これらは選挙管理委員会の努力で成せる範疇ではない。

　2016（平成28）年7月、中野市の低投票率の原因を探るべく、中野市民アンケート調査に選挙に関する項目を設け、選挙に対する有権者の意識調査を

行った。中野市固有の課題があればそれに対応した施策を検討する予定だったが、公益財団法人明るい選挙推進協会が国政選挙の度に実施する全国意識調査の結果と大きな差異は見られなかった。両調査における低投票率の主な原因の上位は「①政治・選挙に無関心」「②投票しても政治は良くならない」「③支持できる候補者・政党がない」「④政治・政治家への不信」「⑤仕事・レジャー等の自分のことが中心」「⑥時間・場所等投票環境の制約」だった。

イ　選挙啓発及び投票環境の整備の実施

　①〜⑤については相互にリンクする部分もあるが、主に「①政治・選挙に無関心」に対する選挙啓発の施策として、直近の選挙では、「本委員会フェイスブックページで選挙情報を発信」「ゴールド投票箱を設置」「選挙啓発ＣＭを作成」「期日前投票所の受付事務補助に高校生を登用」「市民祭等で選挙啓発物品を配布」「比較的大規模な企業を回り投票を呼び掛け」「メディアへ積極的にアピール」などを行った。

　「本委員会フェイスブックページで選挙情報を発信」とは、選挙時はもちろん通常時からＳＮＳを通じてフランクな文章で選挙に関する事柄を発信し、特に投票率の低い若年層の関心を呼び込むための施策である（**写真３−９**）。

写真３−９　本委員会フェイスブックページ

　「ゴールド投票箱を設置」とは、特別なおもてなし感の演出及び話題づくりを兼ねて、期日前投票所に金色に塗装した投票箱を設置する施策である。有権者からの評判もよく、また、メディアにも多く取りあげていただき、選挙啓発の役目を十分に果たしていると考えている。「選挙啓発ＣＭを作成」については後述する。「期日前投票所の受付事務補助に高校生を登用」とは、同事務補助に市内高等学校の生徒を登用することにより、同年代の若年層及び有権者の関心を呼び込むための施策である。

　また、「⑥時間・場所等投票環境の制約」に対する投票環境の整備の施策として、直近の選挙では、「特定の区を対象に投票所まで公用車で送迎」「特定

の区を対象に区公民館等を巡回する出張期日前投票所を開設」「大型商業施設内に期日前投票所を開設」などを行った。

「特定の区を対象に投票所まで公用車で送迎」とは、投票区・投票所の見直しにより投票所まで最も遠くなった2区を対象に、投票日に区内の旧公会堂があった場所から投票所まで公用車で2回送迎する施策である。利用者数は対象有権者数が少数のため僅かではあるが、交通弱者対策として欠かせない施策であると考えている。

「特定の区を対象に区公民館等を巡回する出張期日前投票所を開設」とは、投票所からおおむね3km以上離れている5区を対象に、該当の区の公民館等を巡回し、そこで投票を行う施策である(**写真3－10**)。従来の「投票所を設けたので来てください」ではなく「あなたの区にこちらから出向きます」の姿勢である。実績を見ると、選挙の種類にかかわらず投票者数は一定しており、特定の者が利用していることがうかがわれる。投票に訪れる方は高齢者が多く「(投票所が)近くに来たので投票に来た」「今回も無事投票できた」と評判も良い。投票者数は投票者数全体から見れば少数ではあるが、交通弱者対策として欠かせない施策であると考えている。

写真3－10　出張期日前投票所(梨久保集会所)

「大型商業施設内に期日前投票所を開設」とは、従来の「投票所を設けたので来てください」ではなく「人が多く集まる場所にこちらから出向きます」の主旨の施策である。全区を対象とし、買い物ついでに投票できる手軽さから投票者数も多く、今後は、開設時間を増加することも検討していきたいと考えている。

しかし、アンケート調査結果の「②投票しても政治は良くならない」「③支持できる候補者・政党がない」「④政治・政治家への不信」「⑤仕事・レジャー等の自分のことが中心」(「①政治・選挙に無関心」もリンクする。)については、有権者の意識の根底にある問題であり、前述の選挙啓発の施策だけで容

易に乗り越えられるものではない。これらに対する施策とは何か。

ウ　主権者教育の実施

2015（平成27）年６月、翌年に選挙権年齢が18歳に引き下げられることを鑑み、県選挙管理委員会では県教育委員会と主権者教育に関する協定を締結した。主権者教育とは「有権者及び将来の有権者が、政治や選挙の意義や仕組みを学ぶ中で政治意識の向上を図り、主体的に政治参加を行う」ことを目的とし、「まず政治に関心を持ち、そして投票に行く」という原理に基づいている。

以後、県選挙管理委員会では、県下の学校及び市町村の選挙管理委員会と連携を図りながら、政治及び選挙に関する講座の「選挙出前授業」や「模擬投票」などを実施してきた。本委員会でも同様に実施してきており、主権者教育こそ②～⑤（①もリンクする。）に対する主要な施策であると考えている。人の意識の醸成を図る主権者教育に早急な結果を期待することは極めて難しいが、継続的に実施していくことにより、将来の実りある結果を導き出すことができると思っている。

そもそも、選挙権とは何か。日本国憲法で保障されている基本的人権の一つである参政権は主権在民を意味し、民主主義の根幹を成すものである。日本で最初の選挙は1890（明治23）年執行の衆議院議員総選挙で、当時の選挙権は「日本国籍で25歳以上の男子で15円以上の国税を納める者」を原則とし、総人口に対する有権者数の割合は1.1％に過ぎなかった。現在は「日本国籍で18歳以上の者」を原則とし、総人口に対するそれは80％を優に超える。今日の民主主義を築くために、平等な選挙権を得るために、世界で、そして日本でどれだけ多くの血が流されてきたか計り知れない。主権者教育とは、人類の永き歴史の中で獲得した選挙権の重みと意義を、改めて問う機会にも成りえる。

(3)　今後に向けて

迅速で劇的な投票率向上の妙薬など存在しないが、今後の投票率向上を図るためには、投票環境の整備及び選挙啓発（特に若年層）の各施策を創意工夫しながら、そして主権者教育を並行して行っていくことが大切だと考えている。

第3章 「交流・連携・協働」で、住みよさで選ばれるまちに向けた取組　　*151*

　最後に、2018（平成30）年4月執行の中野市議会議員一般選挙及び同年8月執行の長野県知事選挙の選挙啓発CMの脚本を記載する。脚本は本委員会で作成し、出演は前者が長野県中野立志館高等学校の生徒の皆さん、後者が飲々亭冷奴さん（中野市落語研究会会長：畔上忠治さん）、撮影はテレビ北信ケーブルビジョン㈱にお願いし、同会社の番組内をはじめ、市公式ホームページ、本委員会フェイスブックページ及び本庁期日前投票所で配信した（**写真3－11**）。

　選挙啓発CMに限らず、メディアに乗じた選挙啓発の施策は、自宅等でつろぐ多くの有権者に対して、選挙に関する情報を広く浅く、そして短時間で届ける有力な方法であり、今後も引続き検討していきたいと考えている。

写真3－11　選挙啓発CM（飲々亭冷奴さん）

県政に中野市民の声を！
1票の力を信じて投票に行こう！
※県政選挙時に使用したフレーズ

【選挙啓発CMの脚本】
○2018（平成30）年4月執行の中野市議会議員一般選挙の選挙啓発CM

《主旨》
・選挙の周知及び投票促進を図るため、市内高校生の出演により、明るく活き活きと、そして笑いを交えて、有権者（特に若年層）に柔らかく届くようにする。
・選挙権年齢18歳を強調するために「18」をキーワードとする。
・短い時間で伝えるため、話は要約した内容とする。

《脚本》
※Aが机に座っている（ノートと鉛筆あり）。そこにBが来る。
B：どうした？　元気ないな。
A：今日、誕生日なのに誰も気づいてくれないんだよ。
B：18歳になったんかい、おめでとう！
A：ありがとう（笑い）。　18か、酒やたばこはできるんだっけ？
B：それは20歳から（手を振り首を振る）。
A：パチンコ、パチスロは？

Ｂ：高校生はダメ（手でバツ）。　でも選挙は18歳からできるよ。

Ａ：興味ないなぁ。それに、自分一人が投票しても何も変わらないよ。

Ｂ：そんなことないよ、自分の未来は自分で決めようぜ。

　※軽快な音楽に合わせ、両側から６人（Ｃ、Ｄ、Ｅ、Ｆ、Ｇ、Ｈの６人で、Ｃはゴールド投票箱を持っている）が入って来る。

　※Ａ、Ｂの間にＣが入り、Ｄ以下はＡ、Ｂ、Ｃを囲んで全員二列で立って並ぶ。選挙キャラクターの「選挙のめいすいくん」も後列に並ぶ。

Ｃ：私たちの声を市政に届けるために

ＡＢＣ：私たちの代表者を選ぶ！

全員：私たちの未来は私たちが決める。一票の力を信じて投票に行こう！

※最後にテロップで選挙期日等を流す。

○2018（平成30）年８月執行の長野県知事選挙の選挙啓発ＣＭ

《主旨》

・選挙の周知及び投票促進を図るため、日本の文化である落語を通じ、笑いを交えて、有権者に柔らかく届くようにする。

・落語の古典演目「時そば」「饅頭こわい」を題材とし、脚本を２本作成する。
　なお、前者は選挙権年齢18歳を強調するために「18」をキーワードとする。

・短い時間で伝えるため、話は要約した内容とする。

《脚本１》

　その昔、北信州のとあるまちでの出来事。男が蕎麦屋にやって来た。

　「（男）この蕎麦はコシがいいねぇ」「（男）香りが最高だよ」

　などと蕎麦屋の亭主にゴマをすり、亭主はすっかり上機嫌。

　勘定の時になって「（男）いくらだい？」「（亭主）20文でございます」

　男は、１文、２文と小銭を数えながら亭主の手のひらに置く。

　17文まで置くと「（男）ところでもうすぐ名主（なぬし）の選挙だな。投票は何歳からだい？」「（亭主）今は18歳からですよ」

　「（男）そうかい。そうだったなぁ」と言いながら「（男）19文、20文」と置き、足早に店を出て行く。

　それを見ていた別の男が「（別の男）おいおい、調子のいいことばかり言いやがって。今、18文目を払わず、お代を１文ごまかしやがったな。そうかい、そうかい。俺もあやかろうかね」とにんまり。

　翌日、別の店に行き、さんざんお世辞を言い、さあ、勘定の時、１文、２文と数えながらお代を亭主の手のひらに置く。17文まで置くと「（別の男）もうすぐ名主の選挙だね。投票はいくつからだっけ？」

　「（別の店の亭主）18歳ですよ。でも16歳の国もあるそうですよ」

　「（別の男）そっ、そうかい。そうだったな…」と言いながら

> 「(別の男) 17文、18文、19文、20文…。あれれ、よけい払っちまった！」
> おあとがよろしいようで。　　※最後にテロップで選挙期日等を流す。

《脚本2》
> その昔、北信州のとあるまちでの出来事。
> 長老の甚兵衛さんと近所の弥助が話し込んでいる。
> 「(甚兵衛) 弥助、おまえの一番嫌いなものは何だい？」
> 「(弥助) そうですなぁ、今度の日曜日の選挙の投票ですかね。政治は分かりやせんし候補者もよく知りやせん。それに投票所のあの雰囲気も性に合いやせん」
> 「(甚兵衛) そうかい、そうかい」と甚兵衛さんはにんまり。
> ちょいと困らせてやろうと、次の日曜日、「(甚兵衛) 弥助、おまえんとこにも選挙の入場券が来ただろ。近所みんなで投票に行こうかい」
> 嫌がる弥助を引き連れて近所みんなで投票所に向かいますが、その途中、弥助は御満悦のしたり顔で、この候補者はここが良いだのこちらの候補者の公約内容はどうだのと話が止まらない。投票所に着くなりテキパキと投票を済ませ、
> 「(弥助) いやー、今後を占う実に大切な選挙だった」と一端 (いっぱし) の政治評論家気取り。
> 当てが外れた甚兵衛さんが「(甚兵衛) おまえが本当に嫌いなものは何なんだいっ？」と問いただすと、
> 「(弥助) へい、本当に嫌いなのは、選挙結果を肴 (さかな) に、近所みんなで一杯やることです」
> おあとがよろしいようで。　　※最後にテロップで選挙期日等を流す。

3　「健康長寿のまち」を目指して（中野市健康づくり課）

(1)　健康長寿のまち宣言

　「健やかで、毎日いきいきと暮らすことはすべての人の願いです。そのためには、生活習慣の改善を図り、病気を予防すること、そして重症化を防ぐことにより、健康寿命の延伸を図ることが大切です。」

　その願いをかなえるため、市民と行政が一体となり「健康長寿のまち」を目指すことを目的に、市民一人ひとりが、自分の健康は自分でつくるという自覚と認識のもとに、健やかで活力のある生活が送れるよう、自ら積極的に健康づくりに努めることを誓い、2015（平成27）年9月25日に「健康長寿のまち」宣言をした。

(2) 健康長寿のまちをPR

　健康長寿のまちをPRするため、2015（平成27）年度にシンボルキャラクターを募集した。

　審査の結果、茨城県にお住いの方の作品「健康くん」、「元気くん」がシンボルキャラクターに決まった（**写真3－12**）。

　翌年の2016（平成28）年にはシンボルキャラクターのピンバッジを作成し、市長自らも着用しPRに努めている。

写真3－12　健康長寿のピンバッジ
　　　　　"健康くん"と"元気くん"

　また、親しみやすいキャラクターの特性を生かし、のぼり旗、健康指導の資料等に用い、検診や各種健康相談に気軽に参加してもらえるような雰囲気作りにも一役買っている。

(3) 日野原先生とのつながり

　「健康長寿のまち」宣言をした中野市にとって、忘れてはならない方がおられる。2017（平成29）年に105歳で天寿を全うされた、聖路加国際大学名誉理事長の日野原重明先生である。

　日野原先生には1978（昭和53）年から、脳卒中による死亡率が高いことに注目され、減塩運動等を通じ、中野市の健康づくりにお力添えをいただいた。2016（平成28）年の5月には中野市に先生をお招きし、1987（昭和62）年から隔年で行っていた「日野原重明先生健康講演会」を開催（**写真3－13**）したほか、バラ公園として有名な一本木公園に、日野原先生ご自身による新種のバラの記念植樹も行った（**写真3－14**）。

　毎年バラの季節になると、一本木公園の記念植樹花壇では、日野原先生のバラが元気に咲いているのを見ることができる。

　日野原先生とのご縁、先生の想いを大切に引き継ぎ、今後とも中野市の健康づくりに生かしてまいりたい。

写真3－13　日野原先生の記念講演会　　写真3－14　日野原先生の記念植樹

(4) 健康寿命の延伸を目指して

　中野市では、健康維持につながる「運動」の機運が低く、健康無関心の方が多く見受けられる。

　そのためか、非肥満高血糖の方の割合が高く、国、県の平均値と比較して、糖尿病や脳疾患で亡くなる方の割合が高くなっている。

　このような健康課題を解決するため、次の事業を行っている。

①　バーチャルウォーキングの旅事業

　これは、運動習慣のきっかけづくりを目的に、2016（平成28）年度から開始したものである。中野市から歩いて「姉妹都市・音楽姉妹都市」を目指す仮想の旅で、茨城県北茨城市（355km）、宮城県仙台市（436km）、大分県竹田市（1,089km）を各ゴールに設定し、歩数を距離に換算して目的地を目指す。ゴールした方には目的地の特産品をプレゼントするもので、多くの方にご参加いただいた。

　2019（平成31）年度からは、健康づくりポイント事業としてリニューアルし、バーチャルウォーキングの旅事業は本事業のポイント対象メニューとなる。これまで参加されていた方も引き続き取り組んでいただける。さらに、検診、健康まつり、健康講座への参加など健康に関する幅広い分野へポイント対象を広げ、多くの方に健康に関心を持っていただくきっかけにしたいと考えている。

②　店舗との食に関する共同啓発事業

　市内8店舗の大型食料品販売店にご協力いただき、「主食」、「主菜」、「副菜」を揃えたバランスの良い食事に心掛けるほか、減塩にも留意するよう店頭で

の呼び掛け、減塩味噌汁の提供など、健康を意識した食を啓発しており、減塩味噌汁は来店された方に好評をいただいている。

③ 若年者等の一般検診項目の充実

若年者及び後期高齢者に対する一般検診を「いきいき健診」とし、検査内容を特定健診と同一になるよう手厚く対応している。

また、各地区で「特定・いきいき健診」を受けられるよう地区を巡回する方式により実施し、病気の早期発見、早期治療へつなげられるよう努めている。

④ 高齢者肺炎球菌ワクチン接種助成の充実

2014（平成26）年から65歳の方を対象に高齢者肺炎球菌ワクチンが定期接種化されたが、中野市ではそれに先立ち、2012（平成24）年から、死亡率が急速に高まる75歳以上の方を対象に独自に接種費用を助成してきた。引き続き助成を行い高齢者の肺炎の予防に努めていきたい。

⑤ 関係団体との協働

中野市では、健康づくりにおいて3つの団体との協働を進めている。

1つ目は、中野市保健補導員会（**写真3－15**）で、任期は2年、各地区から推薦された方482名で構成する会である。各戸への健診等の周知、健康事業への協力、健康体操の普及などに取り組んでいただいている。また、研修等を通じ委員同士お互いに健康の重要性を認識し、地域の日常生活の中においても、周囲の方に健康の重要性や知識をお伝えいただいている。

写真3－15　保健補導員研修（ヘルシーランチ）

写真3－16　食生活改善推進協議会の活動

2つ目は、中野市食生活改善推進協議会（**写真3－16**）である。現在67名の会員がおられ、食の面から市の健康づくりの推進にご協力いただくとと

もに、伝統的な食文化の普及にも努めていただいている。

3つ目は、中野市血圧測定友の会である。現在32名の会員がおられる。もともとの発足は、保健補導員を退任された方で、もっと健康について知識理解を深めたい、もっと健康づくりを普及させたいという想いを持つ有志により結成されたものである。健康まつり（**写真3－17、3－18**）、健康フェスティバル（**写真3－19**）等のイベントで、血圧測定を行うことにより、市民の健康意識の向上に貢献している。

写真3－17　健康まつりでの保健補導員による健康体操の普及

写真3－18　健康まつりでのウォーキング

写真3－19　健康フェスティバルでの健康相談（保健センター）

(5) 結びに

健康長寿日本一を目指すまちづくりを進める中で、誰もが住んでいてよかった、住んでみたいと思われる「まち」を目指し、これからも市民の健康づくりに取り組んでいきたい。

4 信州中野の魅力を発信(なかのシティプロモーションチーム)

(1) はじめに

中野市においても、人口減少は進んでいる。2015（平成27）年8月に打ち出した人口ビジョンでは、2019（平成31）年に43,000人、2025年に41,000人。2040年に37,500人と目標を掲げている。しかし、現状は2019（平成31）年の目標値を既に下回る人口である。

この現状を踏まえ、2017（平成29）年度の中野市政策研究所でシティプロモーションに関する研究が行われた（**写真3-20**）。効果的なシティプロモーションを行うために本研究で提案した内容は次の4つ。

①メインターゲットを絞り込んだプロモーション
②推進体制の整備
③共創による「市に対する誇りや愛着」の醸成
④庁内広報の推進によるスタッフプライドの育成

この提案に基づき、チームを2018（平成30）年度に組織した。

写真3-20　シティプロモーション作戦会議の様子

(2) 横串人材の育成

「横串人材」とは、各部署横断的にアイデアを提案し、行動できる人材。中野市において現状の縦割り体制では、横断的な業務は職員の「やる気」次第といえる。

そこで、全部署に「シティプロモーション担当者」を作り、その担当者で「なかのシティプロモーションチーム（NCPT）」を組織。NCPTの活動を通し、

第3章 「交流・連携・協働」で、住みよさで選ばれるまちに向けた取組　　159

スタッフプライドの育成と横串人材を作り上げることを図った。

(3) シティプロモーション推進体制の整備

　NCPTは、4月にシティプロモーション企画の方向性を決めるべくワールドカフェ形式でSWOT分析を行う。ここで行った分析を基に、5月に一般募集の市民を含めたワールドカフェ形式でクロスSWOT分析を行った。この分析を基に今後のシティプロモーションの方向性を検証する。

(4) 「市に対する誇りや愛着」の醸成

　NCPTでは、市に対する誇りや愛着の醸成も目標に掲げ活動している。そこで、牧瀬先生や読売広告社ひとまち未来研究センターに講師の依頼をした。牧瀬先生には、シティプロモーションの必要性を、読売広告社にはシビックプライドランキングを踏まえたシビックプライド（市に対する誇りや愛着）の解説を行ってもらった（**写真3－21**）。

写真3－21　シティプロモーション研修会

　中野市における「市に対する誇りや愛着」はどのような状況か。2017（平成29）年市民満足度調査から解析すると人口が密集する首都圏とはまた違った結果になる（**図表3－3**）。

　・持家があるので他の自治体に出たいと思わない
　・中野市に愛着がある人が約7割

と、借家が多く引っ越しが容易な首都圏と違い、持ち家があるために愛着があることが分かる。

　しかし、「市民参加によるまちづくりが行われているか」という質問に対しては低評価である。

　「市に対する誇りや愛着」のポテンシャルはあるが、それが表に発揮されることができていないことが分かる。ここから、市民との共創性あるシティプロモーションが重要と判断される。

図表3-3　2017年市民満足度調査結果

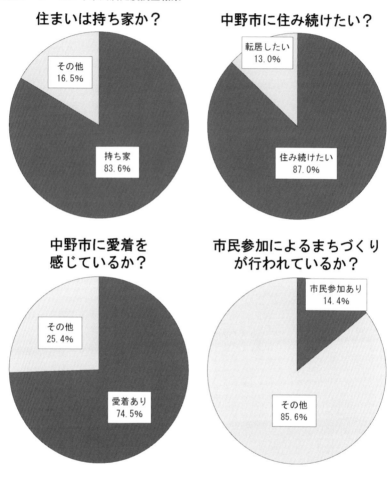

(5) PRイベントへの参加

　「2018信州なかのバラまつり」には、期間中、市内外から約4万人が来場する。そこで、市内のVR体験や観光パンフレットを配布するブースを出展した。また、2017（平成29）年から信州なかのバラまつりで公益社団法人中野青年会議所が行っている「ローズクエスト」にも参加した。ローズクエストとは、地元の特産物や風景などをモチーフにキャラクターカードを作成し、それを子どもたちがバラ公園内で課題をクリアし、集めて回るという人気の参加体験型

第3章 「交流・連携・協働」で、住みよさで選ばれるまちに向けた取組　　*161*

ゲームだ。キャラクターカードは協賛者がキャラクターになるものもあり、そこに「中野市長カード」を盛り込んだ。そのカードの配布場所をＮＣＰＴブースとした。

写真３－２２　「2018信州なかのバラまつり」ＮＣＰＴブースの様子

写真３－２３　中野市長カード

(6)　ＳＮＳ広告で地域おこし協力隊を募集＋＠市の認知度向上

　自然との距離がちょうどいい。買い物に困らない、都会との距離がちょうどいい、などの「ちょうどいい田舎」という利点が中野市のシティプロモーションにおける重要な柱であることが、ＳＷＯＴ分析で明確になってきた。

　地域おこし協力隊を呼び込むための項目にこの「ちょうどいい田舎ＰＲ担当」というものを加えた。この募集では、中野市の認知度向上の目的を加えることができるＳＮＳ広告を行った。

　近年のＳＮＳブームにより、広告をＳＮＳ上で掲載するのは珍しくない。また、ＳＮＳ広告のメリットとして「ターゲット」「インプレッションの分析」が行える。ターゲットとして年齢、住んでいる地域、性別、趣味などを指定すること

ができる。インプレッション（閲覧者）の分析もアプリが簡単にインサイトを作ってくれるので簡単だ。チラシやポスター、ＨＰ掲載ではピンポイントにターゲットを指定できず、閲覧者の行動次第で「見る」という行為が行われるが、ＳＮＳ広告は受動的な閲覧者にも有効。プラスで長野県中野市の名前もＳＮＳ上にあがるだけでなく、中野市が運営しているＳＮＳにも誘導できる。

　ちなみに、広告に使ったイラストは市内のイラストレーターに依頼した。

写真３−２４　地域おこし協力隊募集イラスト（ＳＮＳ広告版）

おわりに

　中野市は全国都市住みやすさランキング（「都市データパック2017年版」東洋経済新報社）で43位にランクインした。これは一つの指標ではあるが、中野市の持つポテンシャルを表すものとして大きな自信となった。

　しかし時代環境は、加速度を増して進行する少子高齢化が、地方自治体の経営に深刻かつ急激な変化をもたらし、その対応もこれまでの考え方、時間間隔では追いつかない状況となることが予想される。変化変容の厳しい将来を見つめ、新たな発想や新たな手法を装備し、積極果敢に取り組んでいくことが、地方自治体には求められている。

　そこで、次代を担う若い人たちが共に学び、問題意識を共有し、課題解決に向け知の創造・展開を図るため、庁内に政策研究所を創設した。

　これまでの縦割り組織の弊害を取り除き、組織横断的に庁内から若い職員が集まり、中長期的な課題に対して、自由な発想で、データに基づく理論的思考による課題解決のための具体的事業提案を行う中で、職員の資質向上に寄与することが可能となることを期待してやまない。今や、地方創生が全国各地で展開される中、それぞれの地域が持つ、ポテンシャルや地域社会経済環境は異なっている。中野市の地域特性を分析し、将来に向けて活力を保持し、安心して暮らせる地域をいかに創るかが、政策研究所に課せられた使命である。

　さて、本書の作成中にうれしいニュースが飛び込んできた。公益財団法人日本都市センターが実施する「都市調査研究グランプリ（ＣＲ－１グランプリ）」で、本書で紹介している『「働きやすいまち」を実現するための働き方改革に関する調査研究』が奨励賞を受賞した。研究活動にご協力いただいた皆様に感謝いたします。

　本書では、初年度、２年目の研究報告を掲載したほか、中野市の特色ある事業の取組を紹介した。２年目の研究報告は、本書の制作スケジュール上、研究途中の報告となってしまい、最終報告は中野市のホームページに掲載するので、興味のある方はご覧いただければ幸甚である。

今回の刊行に当たっては政策アドバイザーの関東学院大学法学部准教授　牧
瀬稔先生から提案をいただき実現となった。このような機会を与えていただい
たことに感謝するとともに、本書を出版するに当たり大変ご苦労をいただいた
東京法令出版株式会社編集者の皆様にも深く感謝いたします。

　2019年3月

中野市長　池田　茂

執筆者一覧

牧瀬　　稔	政策研究所　政策形成アドバイザー	（第Ⅰ部）
柴本　清天	政策研究所	（第Ⅱ部第1章）
有賀　裕介	政策研究所	（第Ⅱ部第2章）

＜平成29年度研究＞　　　　　　　　　　　　　　　　（第Ⅱ部第2章）

「中野市の効果的なシティプロモーションに関する調査研究」

中沢　優季　　庶務課　主査

伊東　　祥　　政策情報課　主事

田中　俊行　　農政課　主査

綿貫　壱真　　生涯学習課　主任主事

「安心して子育てしやすい環境の確立に向けた調査研究」

青木　敦彦　　政策情報課　主査

綱嶋　一貴　　福祉課　主査

蟻川　　渉　　都市計画課　技師

高野　正知　　地域振興課　主事

「『働きやすいまち』を実現するための働き方改革に関する調査研究

　〜中野市の特性を生かしたワークスタイルの提案〜」

有賀　裕介　　政策情報課　課長補佐兼政策推進係長

小林来世展　　環境課　副主幹

望月　勝也　　都市計画課　主事

木村　一馬　　上下水道課　主事

＜平成30年度研究＞

「地域コミュニティの現状と課題」

篠原　友貴　　庶務課　主事

伊東　　祥　　政策情報課　主事

綱嶋　一貴　　福祉課　主査

坂本　健太　　環境課　主事

「若者のUターン促進に関する研究～ゆとり世代のゆとりある暮らし～」

青木　敦彦　　政策情報課　主査

蟻川　　渉　　都市計画課　技師

黒河内朋子　　営業推進課　主事

德竹あすか　　学校教育課　主事

「中野市の子育て環境に関する調査研究～もっと子育てしやすいまちへ～」

有賀　裕介　　政策情報課　課長補佐兼政策推進係長

傳田　隆彦　　高齢者支援課　主査

綿貫　壱真　　生涯学習課　主査

高野　正知　　地域振興課　主事

（第Ⅱ部第３章）

山崎　幸正　　選挙管理委員会事務局長

佐藤　昌行　　売れる農業推進室　室長補佐

小林　　浩　　健康づくり課　課長補佐

大原　弦太　　庶務課　主事

編著者紹介

牧瀬　稔（まきせ　みのる）　第Ⅰ部
専門は自治体政策学、地域政策、行政学で、市区町村のまちづくりや政策形成に広く関わっている。
法政大学大学院博士課程人間社会研究科修了。民間シンクタンク、横須賀市都市政策研究所（横須賀市役所）、（公財）日本都市センター研究室、（一財）地域開発研究所を経て、関東学院大学法学部地域創生学科准教授。東京大学高齢社会研究機構客員研究員、沖縄大学地域研究所特別研究員等を兼ねる。
2018年度は中野市をはじめ、北上市、甲斐市、戸田市、春日部市、東大和市、新宿区、東大阪市、西条市などの政策アドバイザーとして関わっている。
審議会等では、厚木市自治基本条例推進委員会委員（会長）、相模原市緑区区民会議委員（会長）、厚生労働省「地域包括マッチング事業」委員会委員、スポーツ庁参事官付技術審査委員会技術審査専門員などの委員に就いている。
URL　https://www.makise.biz/

中野市政策研究所　第Ⅱ部
2017（平成29）年4月に、市の政策決定の際に用いるバックデータ収集及び政策企画・立案能力を目的に設置した自治体シンクタンク。副市長が所長、総務部長が副所長を務め、事務局は総務部政策情報課内に設置されている。研究の指導・助言を受けるため外部から学識経験のある政策アドバイザーを置き、研究の充実を図っている。研究員は、本来業務との兼務とし、庁内で公募する形式をとっている。
研究テーマは研究員の自主性に任され、研究員が設定する。2017（平成29）年度の研究テーマ「中野市の効果的なシティプロモーションに関する調査研究」は、2018（平成30）年度に発足した庁内シティプロモーションチーム発足の足掛かりとなった。
中野市ホームページ　http://www.city.nakano.nagano.jp/
中野市政策研究所ホームページ　http://www.city.nakano.nagano.jp/docs/201808
0200034/

自治体政策シリーズ

信州の小都市が取り組む地方創生まちづくり

平成31年3月29日　初　版　発　行

編著者　牧　瀬　　　稔
　　　　中野市政策研究所

発行者　星　沢　卓　也

発行所　東京法令出版株式会社

112-0002	東京都文京区小石川5丁目17番3号	03(5803)3304
534-0024	大阪市都島区東野田町1丁目17番12号	06(6355)5226
062-0902	札幌市豊平区豊平2条5丁目1番27号	011(822)8811
980-0012	仙台市青葉区錦町1丁目1番10号	022(216)5871
460-0003	名古屋市中区錦1丁目6番34号	052(218)5552
730-0005	広島市中区西白島町11番9号	082(212)0888
810-0011	福岡市中央区高砂2丁目13番22号	092(533)1588
380-8688	長野市南千歳町1005番地	

〔営業〕TEL 026(224)5411　FAX 026(224)5419
〔編集〕TEL 026(224)5412　FAX 026(224)5439
https://www.tokyo-horei.co.jp/

© MINORU MAKISE, NAKANOSHI SEISAKUKENKYŪJYO
Printed in Japan, 2019
　本書の全部又は一部の複写、複製及び磁気又は光記録媒体への入力等は、著作権法上での例外を除き禁じられています。これらの許諾については、当社までご照会ください。
　落丁本・乱丁本はお取替えいたします。

ISBN978-4-8090-4073-3